# 내 안에 고고학, 우리 곁의 박물관

-옛 사람들을 바라보는 또 다른 시선-

**내 안에 고고학, 우리 곁의 박물관**
-옛 사람들을 바라보는 또 다른 시선-

초판 1쇄 2025년 4월 4일
지은이 김대욱
펴낸이 최외출
펴낸곳 영남대학교출판부
출판등록 1975년 9월 5일 경산 제16-1호
주소 경북 경산시 대학로 280
전화 053-810-1802~4
팩스 053-810-4722
홈페이지 book.yu.ac.kr

ISBN 978-89-7581-497-6 03910

*'열린시선'은 영남대학교출판부의 브랜드입니다.

사람 뼈를 통해 만나는 옛 사람들

고고학 속 동물 이야기

# 내 안에 고고학, 우리 곁의 박물관

고대 사람들의 식단과 질병

## 옛 사람들을 바라보는 또 다른 시선

김 대 욱 지음

무덤을 만드는 신라·가야 사람들

대구의 역사와 고분으로 본 대구 사람들

고고학 발굴과 박물관

열린시선

## 프롤로그

코로나19가 한창 유행이던 2020년 여름, 우리 대학 홍보팀장에게서 연락이 왔다. 영남일보 주말 섹션 칼럼을 맡을 집필자로 나를 추천하겠다는 것이었다. 4주에 한 번씩 원고를 제출하면 된다 하니 내가 그간 공부했던 내용으로 몇 번은 쓸 수 있겠다 싶어 그러자고 하고 원고 몇 편을 보냈다. 며칠 뒤 영남일보 측에서 집필진으로 확정되었다는 연락이 왔고 2020년 10월 [김대욱 큐레이터와 함께 考古! gogo!]라는 타이틀로 연재가 시작되었다. 그렇게 한 편 두 편 이어 쓴 글이 2023년 12월까지 이어졌고 그 글을 다 모아 보니 40여 편에 이르렀다. 이렇게 발표된 글을 주제별로 엮어 이 책을 완성하게 되었다.

이 책에는 우리 역사에 획을 긋는 소재도 없으며 대중들의 호기심을 불러일으킬 국보급의 유물도 등장하지 않는다. 그렇다고 주말 드라마처럼 애절하고 탄탄한 스토리가 입혀지거나 소설가들의 문장처럼 세련되지도 않다. 하지만 우리 곁에서 쉽게 볼 수 있는 고고학 유적과 그 속에 담겨 있는 옛 사람들의 이야기를 나만의 시선으로 담았기에 부끄러움을 감수하며 이 책을 세상에 내놓게 되었다.

이 책의 제목을 『내 안에 고고학, 우리 곁의 박물관』으로 정하였다. 내가 공부하고 있는 고고학 연구 성과를 이야기로 풀어내고 싶었고 또 그 대부분의 고고학적 정보는 가까운 박물관에서 볼 수 있다는 것을 말하고 싶었다. 그리고 이 책에 담긴 이야기가 바로 '옛 사람들을 바라보는 또 다른 시선'임을 강조하고 싶어 이렇게 부제를 삼았다.

이 책은 다음과 같이 구성되었다.

1장 사람 뼈를 통해 만나는 옛 사람들에서는 최근 필자가 집중적으로 연구하고 있는 고인골, 즉 옛 사람 뼈에 주목해 그들의 삶을 추적해 본 글이다.

2장 고고학 속 동물 이야기는 돔배기로 잘 알려진 상어, 귀한 식재료인 꿩, 말, 토끼, 용 등 고고학 속에서 발견할 수 있는 여러 동물들의 이야기로 꾸몄다.

3장 고대 사람들의 식단과 질병에서는 과학 분석을 통한 고대 사람들의 음식과 식단을 복원하고 뼈에서 확인되는 옛사람들의 질병을 소개한다.

4장 무덤을 만드는 신라·가야 사람들은 우리 지역이 포함된 신라·가야의 고분과 그 속에서 드러나는 여러 고고학적 성과를 풀어 설명하였다.

5장 대구의 역사와 고분으로 본 대구 사람들에서는 조금 더 지역적 범위를 좁혀 대구의 선사와 역사, 대구의 주요 고분 유적을 통해 옛사람들의 삶을 살폈다.

6장 고고학 발굴과 박물관에서는 박물관에서 이루어지고 있는 고고학적 전시와 역할, 차별화 전략 등에 관해 이야기하였다.

이 책은 기존의 고고학 성과뿐만 아니라 사람뼈에 대한 생물인류학적 연구나 DNA 분석 연구, 동물유존체의 동정과 분석, 두개골을 활용한 법의학적 얼굴복원, 인골과 동물뼈의 안정동위원소 분석 등 고고학뿐만 아니라 다양한 분야의 연구진들(생물인류학, 유전학, 법의학, 해부학 등)과 연계하고 이들의 도움을 받아 쓴 글이다. 또한 내가 참여한 고고학 학술잡지의 논문이나 연구서를 최대한 활용하여 대중들이 쉽게 접근하지 못하는 연구 성과도 다루었다. 따라서 이 책은 고고학에 관심이 있는 분들에게 인문학적 상상력을 불러일으키기에 좋은 책이 될 것으로 기대한다.

이 책을 발간할 수 있도록 힘써 준 분들 특히 영남일보 첫 연재부터 마지막 연재까지 항상 응원해 주신 우리 대학 홍보팀 권오상 팀장님, 매번 원고를 살펴봐 주신 영남일보 박종문 부국장님, 이 책의 출판을 허락해 주신 우리 대학 언론출판문화원의 김정화 원장님과 신승환 실장님, 류수현 선생님 등 여러분들에게 감사드린다. 영남일보에 연재할 때부터 꼼꼼히 교열해 준 우리 박물관 김현진, 모여라 연구원에게도 감사하며 오랜 시간 나를 늘 격려하고 힘이 되어준 나의 사랑하는 아내 진복순에게 진심으로 감사의 마음을 전한다.

2025년 3월 박물관에서 김대욱 씀

## 차례

## 5장 대구의 역사와 고분으로 본 대구 사람들



## 6장 고고학 발굴과 박물관

# 1장

# 사람 뼈를 통해 만나는 옛 사람들

01 고인골(古人骨)을 통해 만나는 1500년 전 사람들
02 법의학적 얼굴복원①, 옛 사람들과 대면하다
03 법의학적 얼굴복원②, DNA 정보도 활용하다
04 순장 습속, 분묘에 남아 있던 인골로 확인되다
05 DNA 분석, 한 가족이 함께 순장되었음을 밝히다
06 고대 사회의 빈장(殯葬), 사람 뼈에서 그 증거를 찾다
07 어린아이의 죽음, 비정상적 장례를 바라보다
1st Special Story 임당 발굴과 고고학의 세계

01

# 고인골(古人骨)을 통해 만나는 1500년 전 사람들

고고학 발굴 현장 특히 삼국시대의 고분이나 조선시대 회곽묘를 발굴하다보면 간혹 인골이 발견되기도 한다. 이때 발굴하던 사람들은 시신을 함부로 훼손하여 받을 재앙을 두려워하는 마음이나 사자(死者)에 대한 예의를 다하기 위하여 이 인골을 모아 화장(火葬)하거나 이장(移葬)하기도 했다. 하지만, 1980년대 경산 임당동고분군 발굴에 참여하였던 영남대학교 박물관 조사원들은 인골의 작은 조각 하나라도 놓치지 않으려고 애를 썼고, 이에 대한 기록을 남기고 정성껏 수습하여 보관하였다. 그 배경에는 당시 발굴단장이던 정영화(현 영남대학교 명예교수)가 있었다.

그는 1960년대에 프랑스로 건너가서 구석기 고고학을 전공하였다. 1970년대에 귀국하여 영남대학교 교수로 재직하면서 여러 유적을 발굴하였는데, 그 대표적인 것이 경산 임당동과 조영동고분군(사적 제516호) 발굴이다. 임당동과 조영동에 축조된 고분은 대부분 청석을 깊게 파고 큰 판석을 덮은 뒤 그 위에 흙을 높게 쌓아 만든 구조이다. 그 결과 무덤 내부는 항상 물과 진흙에 잠겨 있었기에 산소의 공급이 차단되었고 그로 인해 인골이나 동물유존체와 같은 유기물이 오랜 시간동안 썩지 않고 잘 남아 있었던 것으로 추정된다.

당시 발굴에 참여했던 분들의 말씀에 의하면 정영화 교수께서는 현장에서 수습되는 유기물 중 작은 조각 하나라도 함부로 버리거나 잃어버리지 않도록 당부하셨다고 한다. 또 발굴된 흙을 일일이 물채질하여 꼼꼼하게 유기물을 찾으셨다고 한다. 그러면서 "지금 이 인골을 잘 수집해 둔다면 40~50년 후에는 틀림없이 DNA 분석과 같은 과학적인 방법을 통해 또 다른 해석을 할 수 있는 때가 올 것이다"라는 말씀을 하셨다고 한다.

선학들의 선견지명과 수고 덕분에 필자를 비롯한 후학들이 인골이나 동물유존체 등 자연유물(eco fact)을 연구할 수 있는 기회를 얻게 된 것이다. 우리 박물관은 지난 10여 년 동안 고분에서 출토된 자연유물에 대한 육안 분석뿐만 아니라 과학 분석도 진행하고 있다.

이 책의 첫 번째 주제로 그동안 진행된 자연유물에 대한 연구 성과 중 고인골에 관해 이야기를 시작하고자 한다. 가장 기초적인 내용으로 고인골은 왜 중요하며 어떻게 연구되고 있는지를 먼저 살펴보자. 이 인골 연구에 대한 내용은 닥터 본즈로 불리는 우은진 교수(현 세종대학교 역사학부)의 소견을 토대로 하였음을 밝혀 둔다.

고인골 관찰을 통해 얻을 수 있는 정보 중 하나가 그 인골의 성(sex) 구분이다. 남자와 여자는 생물학적으로 다른 기능과 신체 구조를 가지고 있는데 뼈에서도 그 특징이 드러난다. 남자와 여자의 가장 큰 차이점은 2차 성징 후에 두드러지는 골반의 형태이며 머리뼈나 근육의 발달로 생기는 뼈의 흔적에서도 남녀를 구분할 수 있다. 하지만 남성 같은 여성, 여성 같은 남성이 존재할 수 있기에 이러한 여러 부위를 종합적으로 살펴보고 성을 판단하여야 한다.

인골을 통해 분묘에 매장될 당시의 나이도 추정할 수 있다. 나이를 추정

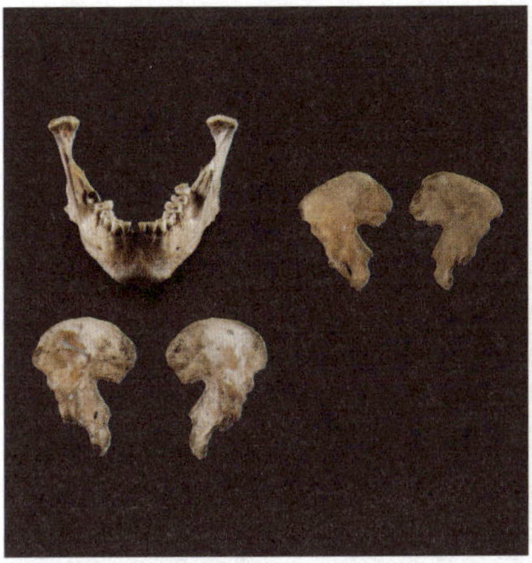

»» 남성의 하악골 및 골반골

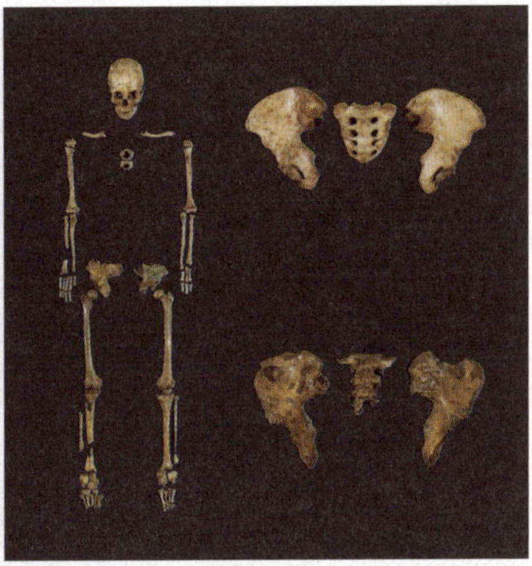

»» 여성의 전신 인골 및 골반골

하는 방법은 여러 가지가 있는데 성장기에 있는 어린아이나 청소년의 나이는 평균적으로 뼈대가 성장하고 치아가 나고 빠지는 정도를 통해 추정할 수 있다. 성장이 끝난 성인은 뼈대의 퇴행적 변화를 종합적으로 관찰하여 나이를 추정할 수 있다.

인골을 통해 그 사람의 키도 추정할 수 있다. 한국인의 평균 키는 영양상태의 호전과 환경, 유전 등의 요인으로 과거에 비해 급격히 변화하고 있는데, 특히 조선시대 사람들의 평균 키와 현대인의 평균 키는 10여㎝ 이상 차이가 난다고 한다. 임당 인골에서 발굴된 인골의 키를 추정하기 위해 1958년 한국인 전사자 집단을 대상으로 Trotter와 Gleser가 만든 공식(한국전에 참전한 전사자가 군대에 징집될 당시의 생전 키와 사망 후 측정된 사지골의 최대길이를 이용한 방법)을 이용하였다.

사람들은 평생을 살면서 가벼운 찰과상부터 감기나 골절, 심지어 생명을 위협하는 무서운 질병에 걸리기도 하는데, 이 중 일부 질환은 뼈에 흔

»2~4세 상악골

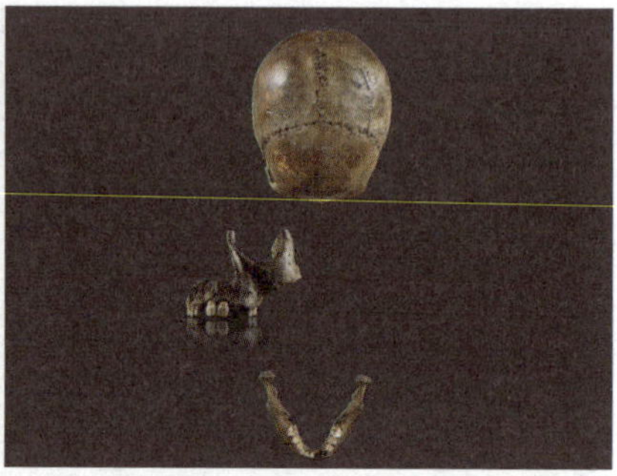

»6~12세 두개골 및 상·하악골

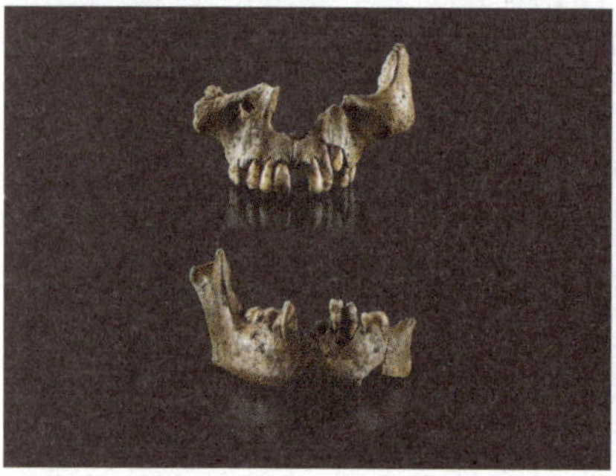

» **1-5** 8.5~13.5세의 상·하악골

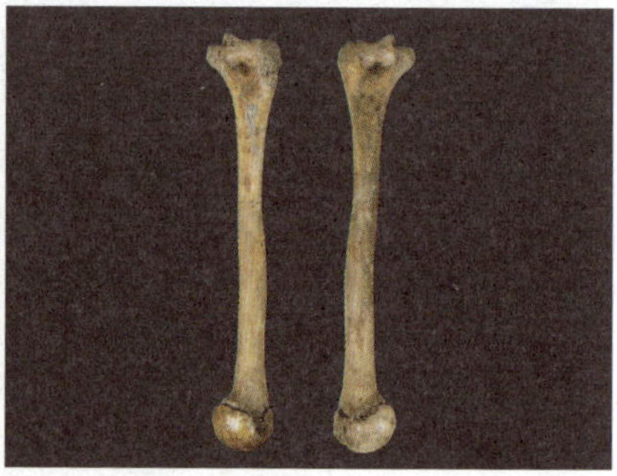

»15~18세 남성의 상완골

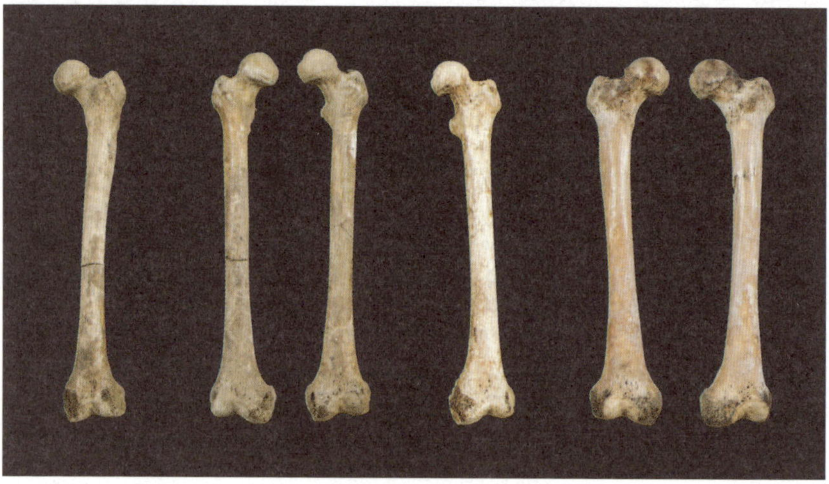

»남성의 대퇴골, 맨 오른쪽은 36~50세의 남성으로 키는 166.30cm로 추정함.

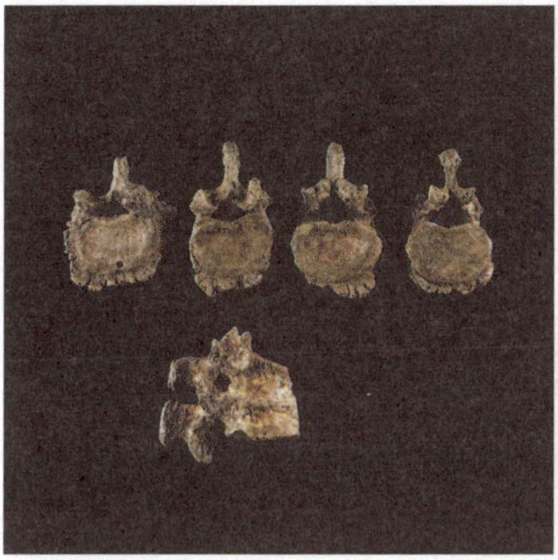

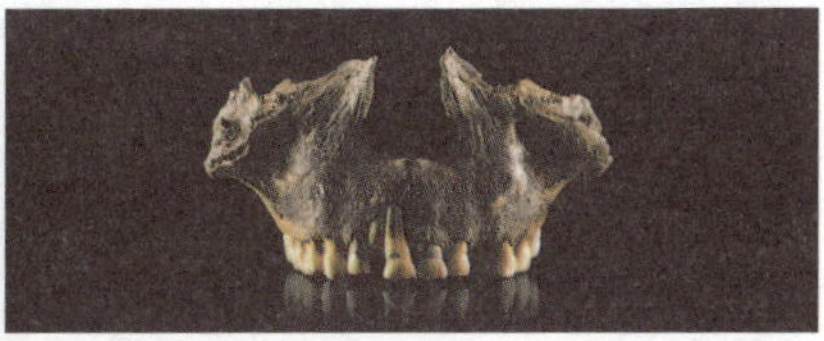

»4~8세 상악골에 확인된 복합치아

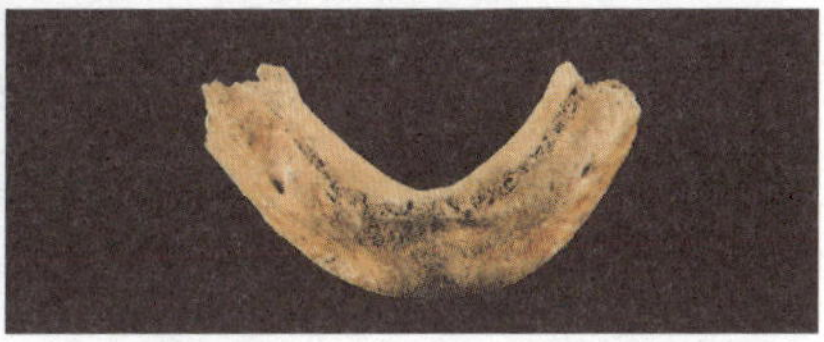

»36~50세 남성(적)의 퇴행성 관절 질환과 등뼈앞굽음증 확인

»36~50세 남성(적) 하악골에서 확인된 생전 치아 결실

»15~18세 하악골의 선형 에나멜 형성부전증

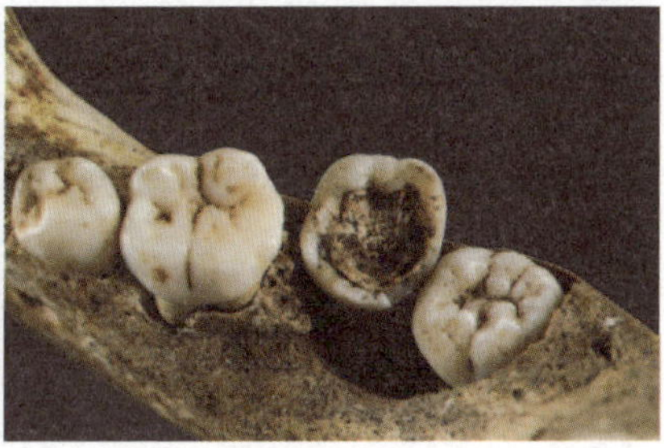

»15~18세 하악골 어금니의 충치

적을 남기기도 한다. 이러한 인골에 남겨진 질환을 분석하여 고대 사회의 일면을 복원하는 사례가 증가하고 있다.

인골 발달상의 스트레스 지표에는 안와천공(*cribra orbitalia*), 다공성 과골화증(*porotic hyperostosis*), 에나멜 형성부전증(*enamel hypoplasia*) 등이 포함된다. 성인기에 나타나는 스트레스 지표는 주로 일상적인 육체적 행위에 의한 역학적 스트레스 반영 지표들로 퇴행성 관절질환(*degenerative joint disease*), 근부착 부위 뼈대 변형(*enthesopathies*), 척추에서 나타나는 쉬모를 결절(*Schmorl's nodes*) 등이 대표적이다. 치아와 상·하악골에서 나타나는 병리적 지표로는 충치, 생전 치아 결실, 치주염, 농양, 과골화증, 마모 패턴 등이 확인된다. 그리고 살면서 골절을 당한 후 치유한 흔적도 확인된다.

최근에는 이러한 육안 분석뿐만 아니라 1980년대 정영화 교수의 예견대로 고인골, 동물유존체에 대한 DNA 분석을 진행하고 있다. 그 결과 전통적인 고고학 연구 방법으로는 얻기 어려운 정보들을 획득하고 있으며 1500년 전 우리 지역에 살았던 사람들에 대한 새롭고 흥미진진한 이야기를 시작할 수 있게 되었다.

02

# 법의학적 얼굴복원①, 옛 사람들과 대면하다

사람의 '얼굴'을 사전적으로 정의하자면 머리 전면부의 구조를 일컫는 것으로 눈, 코, 입, 귀가 붙어 있는 부분이다. 하지만 조선시대 초까지는 얼굴이라는 용어는 몸 전체를 가리키는 말이었고 당시에는 '낯'이라는 말이 얼굴의 뜻으로 쓰였다. 얼굴의 어원에 대해서는 다양한 의견이 있는데 '형태'라는 같은 의미를 지닌 '얼'과 '골'의 합성어로 보기도 하고 '얼'은 정신, '꼴'은 형태로 이해하여 사람의 정신이 얼굴을 통해 드러나기도 한다. 사람의 얼굴은 신체 중에서 다른 사람의 눈에 가장 잘 띄어 그 사람의 이미지를 만들고 자신의 상태나 감정이 표정으로 드러나기에 여러 이야기를 만들어내고 속담의 소재로도 많이 활용되고 있다.

얼굴에 관한 기록이나 사진이 남아 있지 않은 상황에서 사람이 죽었을 때 그 사람의 피부는 전부 썩고 머리뼈만 남아 있더라도 우리는 과학적 연구를 통해 그 사람이 생전에 어떤 얼굴이었는지 추적할 수 있다. 이를 '법의학적 얼굴복원'이라고 한다.

법의학적 얼굴복원은 머리뼈를 분석하여 얼굴의 생김새를 부위별로 예측하고 추정된 얼굴 구성 요소를 머리뼈 위에 만들어 위치시킨 후 피부를 입힘으로써 완성된다. 이 얼굴복원의 주된 목적은 과학수사 영역에서 신원이 파악되지 않는 변사자의 신원을 확인하는 데에 도움을 주는 것이었다.

머리뼈의 구조를 해부학적으로 분석하고 객관적인 얼굴 예측 자료를 바탕으로 하는 소위 '과학적' 얼굴복원은 지금으로부터 약 130년 전 유럽에서 시작되었다고 한다. 이를 기본 개념으로 한 얼굴복원이 우리나라 신원확인 수사에 도입된 것은 채 10년도 되지 않았으니 서구의 얼굴복원 역사와는 비교할 수 없을 정도의 짧은 시간이다.

얼굴복원은 신원확인 수사의 수단으로 쓰이기 전부터 역사 속 유명 인물과 고인골에 대한 얼굴 연구에 먼저 활용되기 시작했다. 대표적인 것이 1999년에 시작하여 20개월에 걸쳐 진행된 김대건 신부의 얼굴복원이다. 김대건 신부의 머리뼈를 3차원 복원한 것은 우리나라 '과학적' 얼굴복원의 시작을 알리는 중요한 이정표였다. 이후 국내 연구진들에 의해 한국인에 대한 얼굴 형태소 예측법과 평균 얼굴 물렁조직 두께 자료 수집 연구들이 꾸준히 진행되고 있다.

얼굴복원을 위해서는 아래턱뼈를 포함한 머리뼈의 보존 상태가 가장 중요하다. 위턱뼈, 광대뼈, 코뼈, 아래턱뼈 등 얼굴뼈가 온전히 남아 있어야 얼굴복원이 가능하지만 얼굴뼈 부위 가운데 양쪽 중 어느 한쪽이라도 남아 있다면 소실된 부위는 보존된 쪽을 참고하여 완전한 형태의 머리뼈 복원을 시도할 수 있다. 이와 같은 기준에 따라 우리 박물관에서도 얼굴복원이 가능한 머리뼈를 확보하여 가톨릭대학교 의과대학, 국립과학수사연구원 법의신원확인실, 미술작가 등과 법의학적 얼굴복원을 진행하고 있다. 그 결과 2019년부터 현재까지 총 입곱 명의 얼굴복원에 성공하였다.

우리가 경산 임당유적에서 가장 먼저 복원한 얼굴은 임당5B2호의 주곽 주피장자의 머리뼈다. 경산 임당유적 내에는 그들의 분묘 축조 및 장례 전통에 따라 여러 개의 분묘를 덧붙여 쌓았는데 그 대표적인 것이 임당 5·6·7호분이다. 이는 당시 경산지역의 최고 권력을 가진 사람들은 수 세대에 걸쳐 같은 곳에 분묘를 축조하면서 그들의 지위를 유지하고 권력을 정당화하기 위한 전략에서 쌓은 기념물이라고 할 수 있다.

이 분묘 중에 5B호라고 명명된 것은 앞서 축조된 5A호의 북동쪽에 붙은 분묘다. 유물 부장양상을 통해 임당5A호는 남성의 무덤으로, 5B호는 여성의 무덤으로 보았다. 사실 5B호는 5B1호와 2호 즉 두 개의 분묘인데 5B1호는 이 지역의 전형적인 분묘 축조 방식에 따라 창(昌)자형의 주곽과 부곽으로 축조되었다. 5B2호는 5B1호의 북쪽에 좁고 긴 모양의 주곽을 축조하고 그 아래에 부곽도 좁고 길게 이어 붙인 다소 특이한 형태다.

이렇듯 임당5B2호는 5B1호의 바로 옆에 붙어 있고 분묘의 규모가 다른 고총에 비해 작은 편이며 유물의 부장량도 적기 때문에 5B2호의 주인공은 질병이나 사고 등 비정상적인 죽음으로 인해 축조된 무덤으로 이해되었다. 또한 이 지역의 전형적인 분묘 형태도 아니어서 5B1호의 배장묘로 추정되었다. 하지만 최근 연구에서 임당5B2호 부곽에서도 순장자가 매장된 흔적이 확인되었기에 5B1호와 깊은 관계가 있겠지만 배장묘로 제

»» 임당5B2호 발굴 전경

»» 임당5B2호 각종 제사용 토기

한해서 볼 이유는 없을 것 같다는 의견도 있다.

아무튼 임당5B2호 주곽에 묻힌 주인공은 임당유적에서 발견된 사람뼈 가운데 손가락뼈와 발가락뼈까지 모두 확인되어 가장 온전하게 남아 있었다. 다만 위턱과 아래턱의 일부 치아는 사후에 소실되어 있고 코뼈를 포함한 머리뼈 몇 곳에 사후 골절과 손상이 관찰되었다. 그래도 얼굴복원을 진행하기에 최상의 보존 상태였다.

이 뼈에 대해 우은진 교수는 21~35세의 여성(적)으로 판단하였다. 김재현 교수(동아대학교 고고미술사학과)는 이 골반뼈에서 출산의 흔적도 보인다고 하니 여성임이 더욱 확실해졌다. 분묘 주인공은 금동제 굵은고리귀걸이를 착용하였고 오른손에는 은제 반지를 끼고 있었으며 녹색과 청색의 작은 옥 74점을 연결한 목걸이를 하고 있었다. 이러한 고고학적 정황도 얼굴복원 후 복식 연출에 가미하였다. 하지만 귀걸이의 착용 방식을 추정하기에는 어려움이 있어 귀 아래에 두는 정도로 복원하였다.

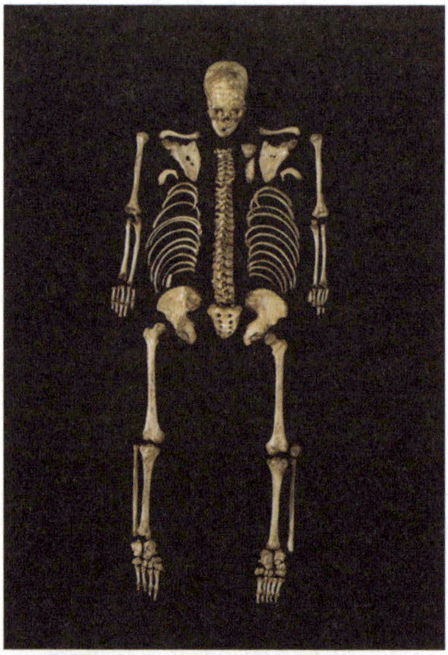

»» 임당5B2호 주피장자의 인골 잔존 현황

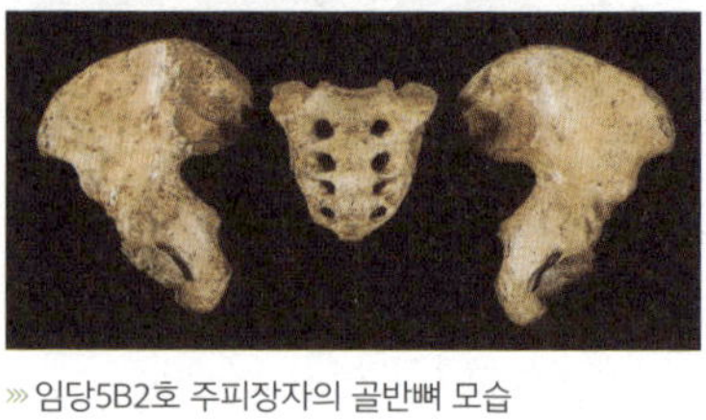

»» 임당5B2호 주피장자의 골반뼈 모습

'얼굴은 마음의 거울이며 눈은 말없이 마음의 비밀을 고백한다'고 했던가. 1500년 전 사람의 눈과 얼굴을 말없이 쳐다보며 그들의 비밀스러운 삶을 상상해 본다.

»» 임당5B2호 주피장자의 얼굴복원 결과

03

# 법의학적 얼굴복원②, DNA 정보도 활용하다

법의학적 얼굴복원(Forensic Craniofacial Reconstruction)이란 이미 사망한 사람의 머리뼈를 이용하여 살아 있었을 당시의 얼굴모습을 예측하여 재구성하는 방법을 말한다. 즉, 과학적으로 연구된 눈·코·입 등 얼굴 형태소의 예측 결과를 토대로 평균적인 얼굴 피부 두께 측정치를 활용하고 예술적 기법을 동원하여 생존 당시의 얼굴모습을 복원해 내는 것이다. 이는 신원미상의 사체의 신원을 파악하는 데 큰 도움을 주는데, 특히 여러 법의학 방법을 동원하고도 미궁에 빠진 사건을 해결하는 데 중요한 역할을 하기도 한다.

이러한 기술이 최근에는 고고학 분야에도 적용되어 고대인의 인골이나 미이라, 인류 조상들의 화석 등을 통해 사진이나 초상화 등이 남아 있지 않은 역사적 인물의 얼굴복원에 활용되기도 한다. 대표적으로 2007년 가야지역의 대표적 고분인 창녕 송현동고분군 제15호분에서 발굴된 순장자 중 16~17세 정도의 소녀를 복원한 사례가 있다. 2017년에는 나주 영동리 고분에서 출토된 인골을 통해 1500년 전 마한 사람의 얼굴이, 경주 교동 천원마을이나 왕경유적에서 출토된 인골을 활용하여 신라 사람의 얼굴이 복원되기도 하였다.

영남대학교 박물관은 2019년부터 얼굴복원 전문가들과 함께 고대 경산 사람들의 법의학적 얼굴복원을 진행하고 있다. 먼저 얼굴복원 대상 인골을 선정하였는데 인골의 잔존 상태와 연령, 성별, 신분(주피장자인지 아니면 순장자인지) 등을 고려하였다. 머리뼈 분석 및 복원은 가톨릭대학교 의과대학 가톨릭응용해부연구소/해부학교실(김이석 교수 외)에서 진행하였다. 얼굴복원을 위한 머리뼈 분석 및 평균 얼굴 물렁조직 두께 데이터 선정 및 적용, 얼굴근육 복원 및 예측 얼굴형태소 적용, 얼굴피부 입힘 및 완성은 국립과학수사연구원 법의신원확인실(이원준 법의관 외)에서 진행하였다. 마지막 단계에서의 컴퓨터 그래픽 복원은 미술가(윤아영, CG 전문가)가 맡아 주었다.

얼굴복원은 머리뼈 분석 → 얼굴 근육층과 형태소 형성 → 피부층 완성 등과 같이 크게 세 단계로 진행된다.

머리뼈 분석은 주로 형태학 분석을 통해서 머리뼈의 인종이나 성, 나이 등을 추정한다. 또한 계측학적 분석을 통하여 눈동자, 코, 입, 귀 등의 주요 얼굴 형태소의 위치, 모양, 크기 등을 예측한다. 머리뼈 분석을 마친 뒤에서는 얼굴 주요 근육을 해부학적인 위치에 따라 복원하게 된다. 그 다음으로 머리뼈 분석을 통해서 얻은 눈, 코, 입, 귀 등의 주요 얼굴 형태소 예측치를 기반으로 형태소의 모양과 크기를 형성하여 위치시킨다. 근육과 형태소의 복원을 마치게 되면 얼굴은 어느 정도의 모습을 갖추게 된다. 근육층과 형태소를 완성한 뒤에는 평균 얼굴피부 두께를 나타내는 게이지에 따라 피부층을 형성하게 된다. 이 단계에서는 이미 위치에 있는 얼굴의 근육과 형태소를 참고하여 복원가의 경험이나 예술적 기법이 적용되기도 한다.

지난 2020년에는 좀 더 과학적이고 객관적인 데이터를 얻기 위하여 이광호 교수(중앙대학교 생명과학과) 등과 인골번호 030번(임당6A호 순장자, 여성, 21~35세), 096번(조영EII-7호 주피장자, 남성, 21~40세) 등 2개체의 인골 DNA를 분석하여 그 결과를 토대로 얼굴복원을 진행하였다. DNA 분석 결과는 정말 놀라웠다.

2개체 모두 전체적인 외형적 특징을 고려할 때 갈색 눈과 흑갈색 머리카락, 살구색에서 연갈색 피부를 가진 전형적인 동양인의 외형을 갖고 있었다. 이 중에서 030번 인골은 머리카락의 굵기나 형태 또한 일반적인 동양인과 유사했으며 얼굴의 세부적인 특징으로는 턱이 다소 돌출되었으며 앞이마는 낮고 코의 좌우 폭은 높았을 것으로 보이며, 귓불은 부분적으로 부착되어 있었을 가능성이 높았다. 096번 인골은 머리카락의 굵기는 다소 굵은 편으로 직모를 가졌을 것으로 추정되며 탈모 위험도는 낮은 것으로 분석되어 생전에 탈모가 진행되지 않았을 가능성이 높다고 할 수 있다.

두 인골의 ABO식 혈액형은 모두 AO형으로 판정되었으며, 젖당 내성을 가지고 있지 않아 젖당을 포함한 우유 등의 유제품 섭취 시 배탈을 유발했을 가능성이 높다. 알코올 대사 속도에 있어서는 030번의 경우 알코올의 중간 대사 산물을 빠르게 분해하지 못해 술에 금방 취하고 숙취가 심했을 것으로 나타났다. 또한 030번 인골의 경우 급성 심장사, 이상지질혈증, 비만 등의 심혈관계 질환을 앓았을 가능성이 있었던 것으로 보이며 096번 인골의 경우 역시 급성 심장사나 죽상동맥경화증 등의 심혈관계 질환에 취약했던 것으로 나타났다. 이러한 개인의 DNA 정보를 최대한 활용하여 얼굴복원을 시도하였다

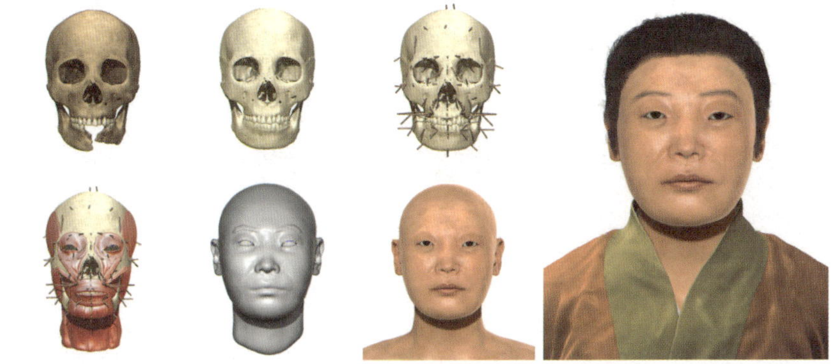

››› 030번(임당6A호 순장자, 여성, 21~35세)의 얼굴복원 과정과 결과

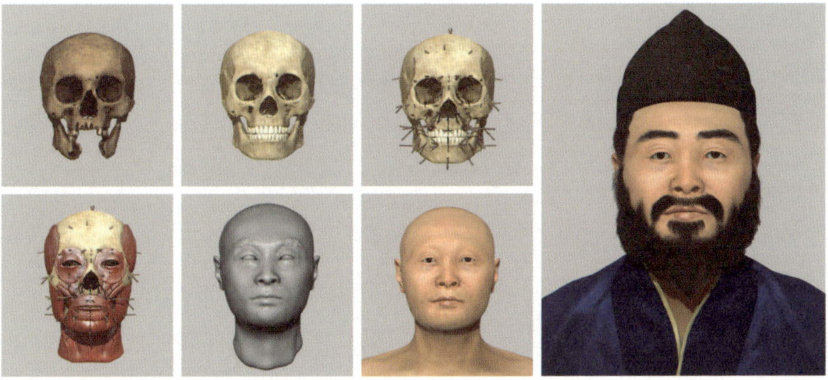

››› **096번**(조영EII-7호 주피장자, 남성, 21~40세)의 얼굴복원 과정과 결과

이렇듯 고인골, 즉 옛 사람뼈 연구는 역사 기록을 통해서는 알 수 없는 당시 사람들의 삶과 죽음, 그 사회와 환경, 음식과 문화 등에 대해 과학적으로 바라볼 수 있는 역할을 수행한다. 또한 법의학적 얼굴복원은 단지 그들의 얼굴을 재현하고자 함이 아니라 옛 사람들의 삶을 복원하는 수단이 될 수 있으며 인문학과 자연과학, 법의학, 해부학, 분자유전학, 미술학 등 여러 학문의 융합 성과를 시각화할 수 있는 유용한 연구 방법이 된다.

최근 법의학적 얼굴복원을 진행하면서 30여 년 전 이 유적을 발굴했던 한 선배에게, 그 당시 출토된 인골의 얼굴복원 결과라며 복원된 사진을 보여준 적이 있었는데 그 선배의 반응이 재미있다. "어이, 김 박사! 내가 이 분들 어디서 많이 본 듯한데? 얼마 전 저기 경산 자인시장에서 만났던 분들 같아."

04

# 순장 습속, 분묘에 남아 있던 인골로 확인되다

순장이란 왕이나 권력을 가진 자가 죽었을 때 평소 그를 모시던 시종이나 하인을 죽여 무덤에 함께 묻는 고대 사회의 습속을 말한다. 죽은 사람을 위해 살아 있는 사람을 강제로 죽이는 행위이기에 노예제 사회 또는 계급 사회를 보여주는 현상으로 이해하기도 한다.

이러한 순장 습속은 세계 여러 곳에서 확인되는데, 이집트와 메소포타미아에서는 원시사회에서 계급사회로 향한 과도기 혹은 계급사회의 초기에 발생하였다. 인도는 아시아 고대 문명의 발상지로 수천 년 동안 과부가 몸을 태워 지아비에게 순장되는 습속이 유행하였다. 일본과 중국 역사에서도 오랫동안 순장이 행해졌음을 알 수 있다.

우리나라의 경우 고고학 자료로 볼 때 영남지역을 중심으로 신라와 가야 사회에는 다양한 형태의 순장 고분이 확인되었다. 김해 대성동고분군을 비롯해 경주 대릉원 내 황남대총이나 천마총, 부산 복천동고분군, 양산 부부총, 창녕 교동과 송현동고분군, 성주 성산동고분군, 의성 탑리·대리리고분군, 고령 지산동고분군, 함안 도항리고분군, 대구 달성고분군 및 다사 문산리·죽곡리고분군, 화원 성산리고분군, 칠곡 구암동고분군, 경산 임당동과 조영동고분군 등이 대표적인 유적이다. 이러한 순장은 6세기 이후 신라 율령체제 성립과 같은 사회변화와 함께 장제의 변화와 더불어 사라진 것으로 이해하고 있다.

이러한 배경 하에 경산 임당동과 조영동고분군에서 확인되는 순장 고분을 중심으로 우리 지역 고대 사회의 순장 습속을 살펴보고자 한다.

임당동과 조영동의 고분은 주로 무덤의 주인공이 묻히는 주곽(主槨)과 주곽의 발치측에 딸린 부곽(副槨)으로 구성된다. 주곽은 폭이 좁고 길이가 긴 장방형이며 그 깊이가 깊은데 반해 부곽은 폭과 길이가 비슷한 방형으로 그 규모가 아주 크고 깊이는 상대적으로 얕게 축조된다.

이 주곽에는 주피장자 주변으로 보통 두 명을 순장하는데 적게는 한 명, 많게는 다섯 명까지 순장하기도 한다. 주피장자가 성인인 경우에는 주곽에 순장자들은 대부분 20세 이하로 밝혀진 경우가 많다. 이들은 생전에도 주피장자를 가까이서 모시던 시동이나 시녀로 추정된다. 그의 주인이 죽자 내세에서도 그를 도울 수 있도록 함께 순장되었던 것으로 추정된다. 또 남성 주피

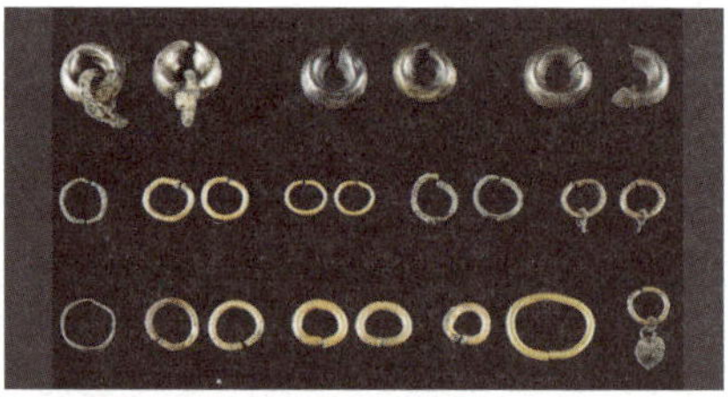

»» 주곽 순장자가 착장한 금속 귀걸이

»» 임당동과 조영동고분군 내 순장 인골 출토 전경

장자와 함께 20대 전후 또는 성인의 여성이 순장되는 경우도 확인되는데, 이들은 주피장자의 첩으로 볼 수도 있다. 반면 어린아이가 주피장자인 경우도 있는데, 이 경우에는 이 어린아이를 돌보던 유모를 함께 순장하기도 하였다.

그런가 하면 주곽에 매장된 순장자들 중에는 금으로 만든 세환이식(가는 고리귀걸이)이나 태환이식(굵은고리귀걸이), 구슬 등 장신구나 도자(손칼) 등의 소형 무구를 착장한 경우가 많았다. 이는 주피장자를 가까이에서 모시는 시녀나 시동 등으로 함께 순장된 이들의 계층이 그리 낮지 않았음을 보여주는 증거로 이해할 수 있다.

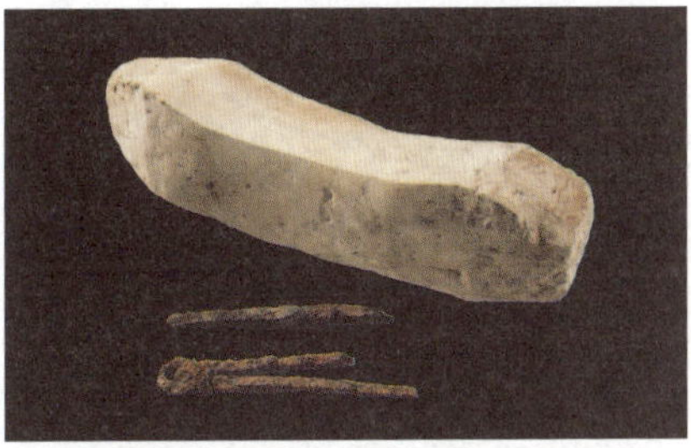

››› 부곽 순장자의 신분 상징 유물(집게, 모루, 숫돌 등)

부곽에는 주피장자를 위한 물품이나 많은 양의 음식을 그릇

››› 부곽 내 순장자 매장 전경

과 함께 부장하는데, 이 부곽은 주피장자가 사후에도 먹고 지내야 할 것들을 모아 둔 창고라고 할 수 있다. 부곽에는 성인 남성과 여성이 주로 순장되는데, 남성이 큰 칼을 착장하고 있는 경우 주인의 생명을 안전하게 보호하고 재산을 지키는 호위무사나 재산관리자로, 여성은 집안일을 돌보거나 부엌일을 맡아하던 식모로 추정할 수 있다. 그런가 하면 순장자와 함께 손칼이나 화살촉, 낫, 끌, 집게 등 각종 철제품과 숫돌이 함께 확인된 경우도 있는데, 순장자와 함께 여러 종류의 단야구가 부장된다는 점에서 이 순장자는 단야 작업에 종사하였거나 철기를 다루고 정비하는 사람으로 추정할 수 있다.

임당동고분군 2호 북분의 부곽 내 북서편에 매장된 순장자의 경우 금동으로 만든 가는고리귀걸이를 착장하고 있었으며 생물인류학적 평가결과 최소 30대 이상의 성인이며 남성(적)으로 판명되었다. 이 순장자는 생전에 전쟁이나 심한 훈련 등으로 인해 오른쪽 윗팔뼈에 골절이 발생하였으나 시간이 지남에 따라 부러진 뼈가 접합된 흔적을 확인할 수 있었다. 그는 생전에 창고지기 또는 호위무사로 살다가 무덤 주인공을 따라 이 무덤에 순장되었던 것으로 볼 수 있다.

임당동과 조영동고분군에는 주피장자의 머리맡에 고배, (대부)장경호, 연질발 등 제사에 사용한 많은 양의 유물을 부장하는 전통이 있다. 그러나

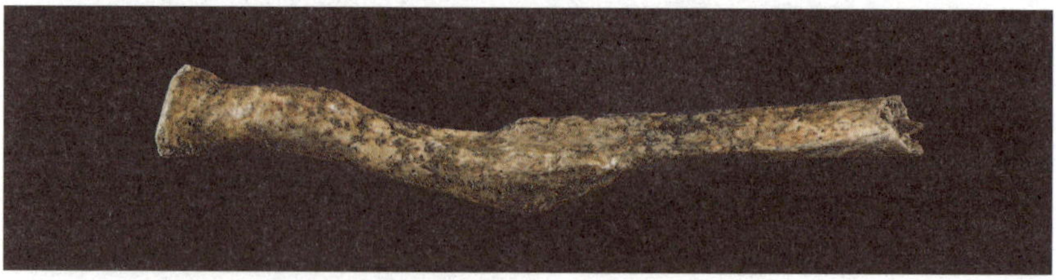

» 임당2호 북분 부곽 순장자의 오른쪽 윗팔뼈에 골절이 발생한 후 치유된 모습

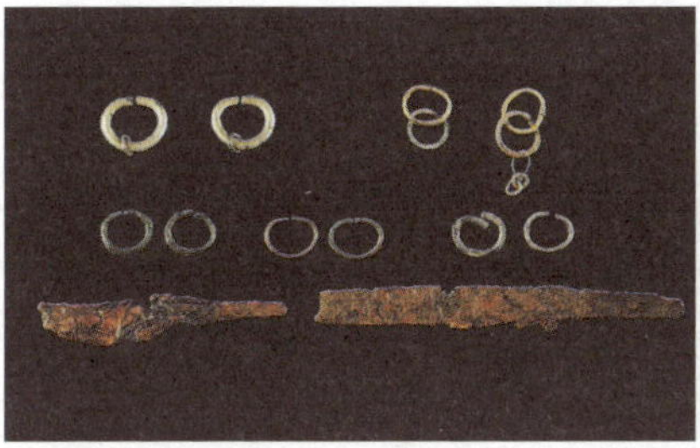

»임당 고총 부곽 순장자의 착장유물
(금동제 귀걸이, 쇠칼 등)

»임당 고총 순장자를 위한 제사유물(제사용 토기들)

주피장자에게 그러하듯이 순장자의 머리맡에도 고배, 연질발, 대부완, 장경호, 대부장경호, 단경호 등 다양한 기종의 제사토기가 부장되고 있다는 점이 주목된다. 또한 이러한 제사유물과 함께 순장자들은 이식이나 별모양 장식구, 손칼 등도 함께 착장하고 있었다. 이러한 점을 통해 볼 때, 순장자가 비록 순장이라는 뜻하지 않은 죽음을 맞이하게 되었지만 이들을 위한 특별한 제사가 행해졌음을 추정할 수 있다. 즉 순장자의 죽음에도 제사행위가 있었고 그 제사유물을 부장함으로써 그들의 죽음을 애도하고 위로하는 사회적 장치가 있었던 것이다.

05

# DNA 분석, 한 가족이 함께 순장되었음을 밝히다

2019년 9월 경기남부지방경찰청은 1986년 발생하였던 화성연쇄 살인사건의 범인이 특정되었다고 발표했다. 당시 10건의 살인사건 중 3건의 사건 현장에서 확보된 DNA가 일치하는 남성을 지목한 것이다. 30여 년 동안 미제로 남아 있던 사건이 DNA 과학 분석을 통해 해결된 사례다. 그런가 하면 6·25 한국전쟁 국군 전사자의 유해를 가족들에게 돌려주기도 하는데, 이 또한 유가족들이 제공한 DNA 분석을 통해 가능한 일이었다.

고고학에도 유전학을 융합하여 고고유전학(archaeogenetics) 분야가 발전하고 있다. 고고유전학은 세상을 떠난 지 오래된 사람이나 동물의 뼈에서 DNA 염기서열을 분석하는 연구라고 할 수 있다. 사람이 갖고 있는 DNA 염기서열은 사람마다 조금씩 다른데, 이 차이를 정량적으로 분석하면 개인과 집단의 유전적 특징을 찾아낼 수 있다. 즉 고고학 발굴현장에서 채취한 고인골이나 동물유존체 혹은 미생물의 DNA를 분석함으로써 옛 사람의 건강 및 질병 상태, 유전적 특징, 인류의 기원과 이동, 인류와 다양한 동물의 진화, 환경의 변화 등 전통적인 고고학 연구방법으로는 얻기 어려운 정보들을 획득할 수 있다.

얼마 전까지만 해도 기술적인 문제로 미토콘드리아나 Y염색체같이 한 부모에게서 유전되는 서열의 일부분만을 분석하는 경우가 대부분이었지만, 최근에는 NGS(Next Generation Sequencing, 차세대 시퀀싱) 기술이 발달함에 따라 옛 사람의 전체 게놈(생물체를 구성하고 기능을 발휘하게 하는 모든 유전 정보가 들어 있는 유전자의 집합체, 유전자(gene)와 염색체(chromosome)의 두 단어를 합성해 만든 용어)에 분포한 변이를 대규모로 분석하는 것이 가능해졌다.

최근 영남대학교 박물관에서는 경산 임당동과 조영동고분군에 묻힌 피장자들의 유전적 특징과 그들의 가족관계를 검증하기 위해서 독일 막스플랑크 인류역사과학 연구소(Max Planck Institute for the Science of Human History)에 의뢰하여 유전체 DNA 분석을 진행하였다. 이에 DNA 분석을 통해 밝혀진 1500년 전 피장자들의 가족관계를 소개하고자 한다.

독일 막스플랑크 연구소는 구석기시대부터 현재까지 인간의 역사 및 진화 과정을 고고학, 유전학, 언어학 등 다양한 관점에서 연구하는 세계적으로 저명한 연구 기관이다. 특히 학제 간 연구가 활발히 이루어지고 있으며 인문학과 자연과학을 통섭해 인류의 역사 즉 인간의 이주와 유전적 혼합을 통한 세계 정착사, 인체 관련 미생물과 전염병의 확산과 다양화, 기후 및 환경 변화가 세계 각지에서의 인류 생활에 미친 영향, 유전자와 문화의 동시 진화 등을 밝혀내고 있다.

우리나라 고대 분묘에서 그 피장자가 가족관계로 추정되는 곳이 여럿 확인되고 있다. 그 대표적인 것이 경주 대릉원 일대에 축조된 고분군이다. 기원후 4세기부터 6세기까지 경주 인왕동과 교동, 황오동, 황남동, 노동동, 노서동 일대에는 수많은 신라 왕과 귀족들의 무덤이 축조되어 있다.

일제강점기 조사에서 지상에 봉토가 확인되는 고분 155기에 대하여 번호를 부여하였으나 이 일대의 도로 공사나 하수로 및 고분공원 정비, 최근 쪽샘지구 개발 과정에서 수천 기에 이르는 고분들이 발굴되었다. 특히 이 중에서 황남대총처럼 봉분 2개를 이어붙인 쌍분도 다수 확인되고 있어 이러한 무덤의 주피장자는 부부관계일 것으로 추정하고 있다. 또한 대릉원 내에 초대형 봉토분을 중심으로 그 주변의 몇몇 봉토분이 일정 공간을 점유하고 있어 이러한 분묘 조영 원리가 신라 마립간의 친족 간 계승과 연관되어 있을 것으로 주장하기도 한다.

이러한 배경에는 고대사의 기록뿐만 아니라 즉 고분의 축조 시기나 유물의 부장 양상, 출토품의 성격 등 고고학적 맥락을 고려할 때 그 타당성은 충분히 인정된다. 하지만 무덤 주피장자에 대한 성별 분석과 같은 과학적인 연구가 뒷받침되지 않았고 고대사를 바라보는 관점에도 연구자에 따라 이견이 있는 것도 사실이다. 이러한 상황에서 경산 임당 고총에 묻힌 피장자들의 유전체 DNA 분석 성과는 1500년 전 피장자들의 가족관계를 잘 보여 줄 것으로 기대되었다.

임당 고총에는 1명의 주피장자 외에 2~3명 또는 4~5명이 한 분묘 내에 순장되는 경우가 있었다. 이 순장자들의 성별 분석과 연령 분포를 통해 이들이 부부, 형제와 자매, 또는 부모와 자녀 등으로 추정되는 인골에 대한 유전체 분석을 진행한 결과 이 순장자 간에 가족관계가 있음을 확인하였다. 그 구체적인 사례는 다음과 같다.

5세기 초반에 축조된 조영CⅡ-1호 분묘는 주곽과 부곽이 함께 축조되어 있는데, 주곽에 묻힌 주피장자(남성으로 추정)는 36~50세 정도이며 그 발치에 10대 3명이 순장되었다. 그리고 부곽에는 36~50세의 남성과 10세 전후의 여자아이가 함께 순장되었는데, DNA분석 결과 부곽에 묻힌 두 명의 관계가 아빠와 딸인 것으로 판명되었다.

또한 5세기 중반에 축조된 조영CⅠ-1호 분묘의 주피장자는 31~40세 정도의 남성인데, 15~18세의 남성과 4~8세의 여자아이를 주곽에 순장하였다. 그리고 그의 발치에 축조된 부곽 내에 41~60세 정도의 남성과 36~50세 정도의 여성을 순장하였다. 이들의 DNA분석 결과 부곽에 순장된 성인 남녀는 부부이며 주곽에 순장된 4~8세 정도의 여자아이가 이 부부의 딸로 밝혀졌다.

»» 조영CⅡ-1호 부곽 발굴조사 전경(인골 출토모습)

| 연번 | 개체 번호 | 출토 위치 | 성(sex) 형질인류학 분석 | 성(sex) DNA 분석 | 연령 |
|---|---|---|---|---|---|
| 062 | 조영CⅡ-1호-1 | 주곽-1(주) | probable male | | 36~50세 |
| 063 | 조영CⅡ-1호-2 | 주곽-2(순) | undeterminable | | 16~18세 |
| 064 | 조영CⅡ-1호-3 | 주곽-3(순) | undeterminable | | 10세 전후 |
| 065 | 조영CⅡ-1호-4 | 주곽-4(순) | undeterminable | | 10세 전후 |
| 066 | 조영CⅡ-1호-5 | 부곽-1(순) | probable male | male | 36~50세 |
| 067 | 조영CⅡ-1호-6 | 부곽-2(순) | undeterminable | female | 10세 전후 |

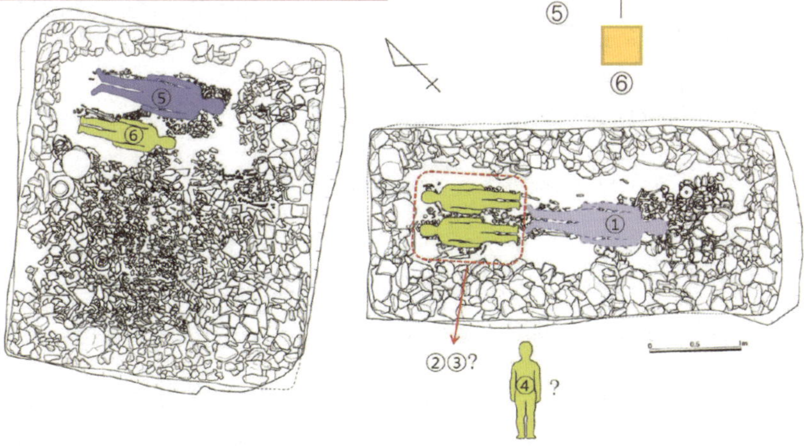


»» 조영CⅡ-1호 인골관계 모식도

>>> 조영C I -1호 주곽 발굴조사 전경(인골 출토모습)

>>> 조영C I -1호 부곽 발굴조사 전경(인골 출토모습)

| 연번 | 개체 번호 | 출토 위치 | 성(sex) | | 연령 |
|---|---|---|---|---|---|
| | | | 형질인류학 분석 | DNA 분석 | |
| 052 | 조영C I -1호-1 | 주곽-1(주) | male | | 31~40세 |
| 053 | 조영C I -1호-2 | 주곽-2(순) | male | | 15~18세 |
| 054 | 조영C I -1호-3 | 주곽-3(순) | undeterminable | female | 4~8세 |
| 055 | 조영C I -1호-4 | 부곽-1(순) | probable male | male | 41~60세 |
| 056 | 조영C I -1호-5 | 부곽-2(순) | probable male | female | 36~50세 |

부곽 순장자(부부)와 주곽 순장자(딸)

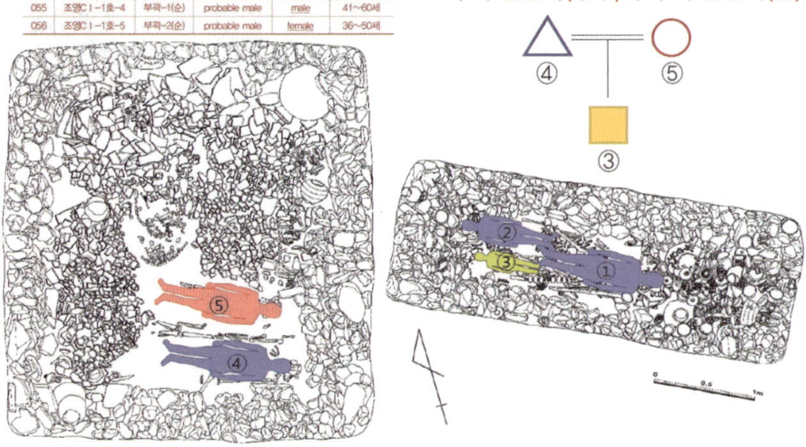


>>> 조영C I -1호 인골관계 모식도

자식의 경우 아버지와 어머니 각각에게 정확히 유전자 절반을 물려받기 때문에 부모-자식관계에서는 이 비율이 언제나 정확히 50퍼센트다. 하지만 형제자매관계는 확률적인 요소를 갖고 있다. 즉 두 명이 부모 모두에게서 같은 유전자를 물려받을 수도 있고, 한 쪽에서만 같은 유전자를 받을 수도 있고, 부모 모두에게서 다른 유전자를 물려받을 수도 있다. 그 결과 형제-자매 사이의 실제 혈연 계수는 50퍼센트를 중심으로 어느 정도 분산되어 있다. 그런가 하면, 이복형제, 조부모-손자녀, 삼촌-조카관계는 혈연계수가 0.25이고, 사촌 관계는 그 절반인 0.125다. 이렇듯 확대가족은 살펴야 할 경우의 수가 훨씬 많아지고 복잡해진다.

최근 연구에서 임당 고총 피장자들의 고유전체 자료 중 일부를 성공적으로 확보하였고 이들 사이의 혈연관계를 일부 파악할 수 있었다. 특히 고대 신라 지방사회에서 한 가족이 함께 한 주인을 위해 순장된 습속이 밝혀졌다. 나아가 경주를 비롯한 여러 신라지역과 고령을 비롯한 가야지역 고총에서도 일가족이 함께 순장되었을 가능성이 짙어졌다.

06

# 고대 사회의 빈장(殯葬), 사람 뼈에서 그 증거를 찾다

언젠가 대통령을 역임한 분이 돌아가셨을 때 법률에 따라 국장(國葬)을 치르는 모습을 관심 있게 지켜본 적이 있다. 국장으로 결정되면 국장장의 위원회를 설치하고 위원회는 국장의 방법, 일시, 장소 및 묘지를 선정하고 조성한다. 국장이 거행되는 동안 조기를 게양하며 모든 국민은 애도의 뜻을 나타내기 위하여 음주가무를 삼가고, 방송 및 신문도 고인의 업적과 유가족의 근황 등을 보도하며 애도의 뜻을 표한다. 필자의 기억에는 어린 시절 박정희 전 대통령의 영결식과 장의행렬을 TV를 통해 시청했고, 성인이 되어서는 김대중·노무현 전 대통령의 국장을 지켜보며 마음으로 애도했다.

고대 국가에서도 왕의 죽음은 현대 사회의 국가 원수의 그것과 비교될 만한, 어쩌면 현대 사회보다 훨씬 강렬한 통과의례였을 것이다. 그래서 고고학자들은 고대 사회의 장례를 망자 자체보다 그들을 매장한 산 자들에 관한 것으로 이해하고 그 장례 과정에 나타나는 사회적 맥락을 해석하는 데에 큰 관심을 가진다.

삼국시대에도 왕이 죽었을 때 짧지 않은 기간동안 상장례가 진행되었고, 그 과정에서 빈(殯, 사람이 죽어서 매장할 때까지 시신을 관에 염(斂)해 두는 것)이 일반적으로 행해졌다. 고대사 기록에 따르면 고구려와 백제는 모두 3년상을 치렀다고 할 수 있으며, 신라는 왕이나 부모처자의 상에 1년간 빈의 기간을 거쳤음을 알 수 있다.

빈에 관한 대표적인 사례는 무령왕릉인데, 무령왕릉 발굴을 통해 왕과 왕비의 묘지(墓誌)와 매지권(買地券)이 발견되었고 이를 통해 왕과 왕비가 사망한 후 27개월, 3년상을 치렀다고 보았다. 또 무령왕릉 가까이에 위치한 정지산유적은 6세기 백제 왕실에서 빈을 행한 빈소(殯所)로 이해되었다. 물론 최근 이에 대한 반론도 제기되고 있지만 백제 사회의 상장례 특히 빈과 빈전에 관한 새로운 연구성과라고 평가할 수 있다.

신라 사회에서도 빈장을 하였을 것으로 이해하고 있으나 이에 관한 고고학적 증거는 찾지 못하고 있었다. 그러던 중 필자는 최근 경산의 삼국시대 고분 자료 중에서 빈이 행해졌을 것으로 추정할 만한 증거를 찾게 되었다.

경산 임당동과 조영동고분군 중 1988년에 발굴조사된 조영EⅡ호분을 살펴보자. 조영EⅡ호분은 4개의 무덤이 하나의 봉토 안에 축조된 독특한 형태의 무덤으로 그 길이가 40m 정도 되는 아주 큰 규모다. 그 북쪽에 조영EⅡ-2호를 축조하였다. 이 무덤은 경산지역 고총의 전형적인 형태로 무덤의 주피장자가 묻히는 주곽은 동쪽 편에 장방형으로 축조하였고, 창고의 역할을 하는 부곽은 그 서쪽에 방형으로 축조하였다. 축조 시기는 5세기 말경으로 추정된다.

이 무덤 주곽의 한가운데에는 성인으로 추정되는 주피장자가 매장되어 있었고 그 주변에서 금동으로 만든 관과 굵은 귀걸이, 경옥제 곡옥이 달린 은제 장식, 곡옥이 달린 유리제 목걸이, 금동제 허리띠, 은제 반지, 금동제

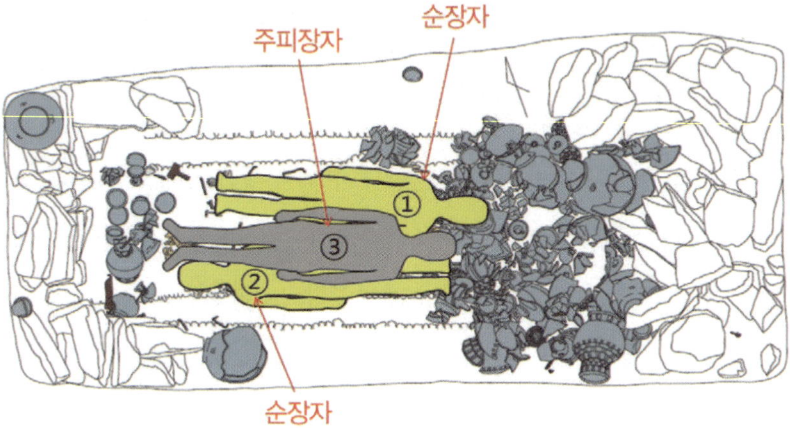


›› 조영EⅡ-2호 인골 및 유물 부장 양상

신발 등 화려한 장신구들이 출토되었다. 하지만, 주피장자의 주검은 대부분 썩어 없어지고 대퇴골 일부만 남아 있었다.

당시 습속에 따라 주피장자의 양 옆에는 두 명이 순장되었는데, 그 중 한 명은 15세~18세 정도의 여자이며 또 다른 한 명은 이보다 더 어린 7.5세~12.5세 정도의 여자로 추정되었다. 이들은 각각 은으로 만든 굵은 귀걸이를 착용하고 있었으며 두 순장자 모두 머리뼈를 비롯해 상·하악, 척추뼈 및 사지뼈들이 대체로 잘 남아 있었다.

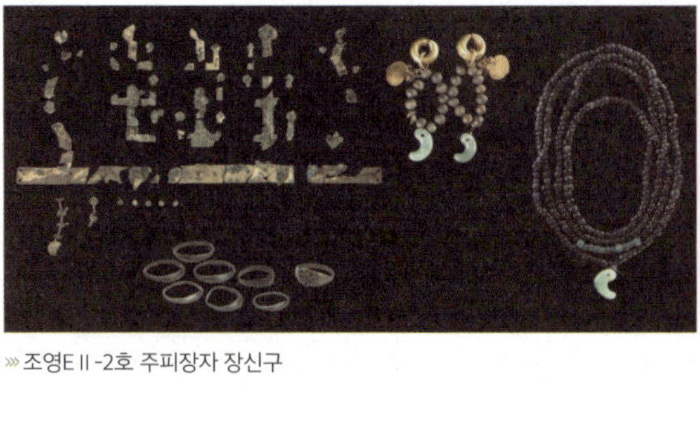

›› 조영EⅡ-2호 주피장자 장신구

›› 조영EⅡ-2호 주피장자 잔존 인골

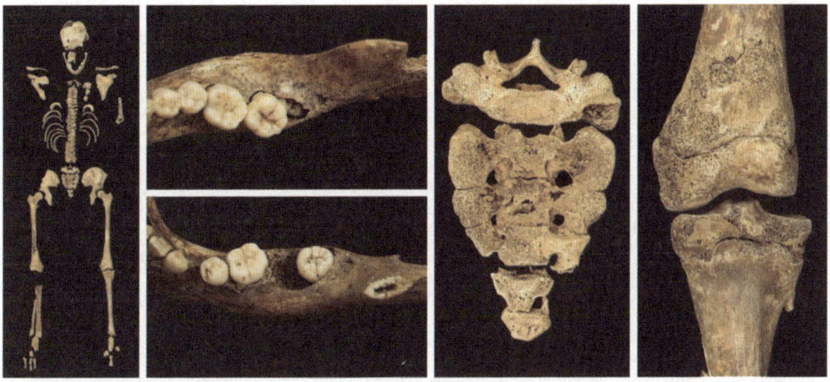

» 조영EⅡ-2호 1번 순장자 인골

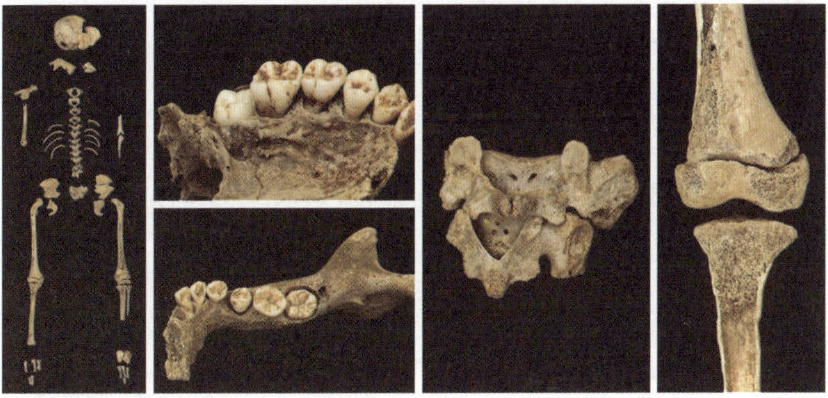

» 조영EⅡ-2호 2번 순장자 인골

다시 말해 경산 조영동에 축조된 EⅡ-2호 무덤은 주피장자 1명과 순장자 2명 등 총 3명이 동일한 시점, 동일한 환경에서 1500년 이상 묻혀 있었던 것이다. 하지만 이 분묘를 발굴했더니 3개체의 인골 중에서 나이가 어린 두 순장자들의 뼈는 지금도 그 형태를 육안으로 확인할 수 있을 수준으로 잘 남아 있었던 반면 주피장자인 성인의 뼈는 심하게 부식되어 있었다. 이러한 인골의 잔존 상황을 어떻게 이해할 수 있을까?

이를 해결할 수 있는 열쇠가 바로 '빈'이라는 장례 제도다. 무덤 주피장자의 죽음과 동시에 상장례가 시작되었을 것이고 먼저 장지를 선정하고 제사에 사용할 각종 제기와 음식을 마련하였을 것이다. 많은 노동력을 동원하여 무덤을 축조하고자 했지만 그 규모가 너무 커서 짧은 시간에 무덤을 축조하기가 쉽지 않았을 것이다. 그동안 무덤의 주피장자를 위한 빈소가 마련되었고, 이 지역 백성들뿐만 아니라 경주나 대구 등 타지역에서도 많은 조문이 이어졌을 것이다.

이어 무덤 축조가 끝나면 주피장자를 안치하고 사후에도 주인을 모시고자 두 명의 순장자를 함께 매장하였다. 그리고 외부의 침입이 없도록 큰 돌을 덮고 멀리서도 볼 수 있도록 큰 봉토를 축조하였다. 이러한 일련의 상장례 과정에서 무덤 주피장자는 일정 기간(그 구체적인 기간이 얼마인지는 알 수 없지만) 동안 빈이 진행되었고 그 과정에서 주피장자의 주검은 대부분 썩어 버렸던 것이다. 하지만 함께 매장된 순장자들은 매장되기 바로 전에 죽여 매장함으로써 그 뼈가 상대적으로 잘 남아 있었을 것이다.

그렇다면 왜 고대 사회에서 빈장이 시행되었을까? 먼저 장례를 집행하는 기간 중요한 사회적 재조정 작용이 필요했을 것이라는 정치적인 입장이 있다. 또한 망자가 소생할지도 모른다는 생각이나 죽음 혹은 시신에 대한 공포에서 망자와 단절하기 위해 그렇게 했을 수 있다. 그런가 하면 국가 장례에는 먼 거리에서의 조문도 이어졌을 것이다. 무엇보다 무덤 축조에 많은 인력과 시간이 소요되었을 것이고 무덤 내에 부장될 많은 제사음식들을 확보하기 위한 물리적 시간이 필요했을 것이다. 이러한 여러 복합적인 이유로 인해 고대 사회에서의 빈은 장례에 필수적인 과정으로 볼 수 있다.

07

# 어린아이의 죽음, 비정상적 장례를 바라보다

몇 년 전 어린이 보호구역 건널목에서 교통사고로 숨을 거둔 사건이 발생해 일명 '민식이법'이 시행되었고 얼마 전에는 '정인이 사건'에 이어 '하늘이 죽음'으로 인해 온 국민의 공분을 불러일으켰다. 필자도 두 아이를 양육하는 부모로서 이러한 어린아이 죽음을 대할 때면 가슴이 먹먹해지고 화가 치민다. 다시는 이러한 비극이 발생하지 않도록 제도 개선과 법률 개정이 이루어지길 바라며 앞으로는 우리 아이들이 안전하게 건강하게 자랄 수 있는 사회로 거듭나기를 소망한다.

이 장에서는 결이 조금 다르긴 하지만 아주 오래전에 일어났던 어린아이의 죽음과 장례에 관해 이야기해 보고자 한다.

나이가 좀 있는 분들이라면 경험을 통해 알 수 있겠지만, 1970년 이전까지만 해도 우리 사회에서 어린아이의 죽음은 어렵잖게 목격할 수 있는 일이었다. 사산아(死産兒)도 많았고 홍역과 같은 역병이나 여러 사고로도 죽음에 이르렀기에 옛 아이들 중에는 첫돌(심지어 2~3년 이상)까지 사고 없이 자라야 호적에 이름을 올리기도 하였다.

최근 민속학 논문에 따르면 이러한 비정상적인 죽음에도 나름의 의례를 따랐으며 전통 마을에는 죽은 어린아이를 매장하는 장소가 있었던 것으로 보인다. 그 결과 일반 매장지와는 구분되어 애장터, 애총, 아장살, 애기당묘, 애기당 등 '애(아)'가 들어가는 명칭으로 불렸다. 또한 마을 뒷산의 '직골'이란 곳은 아이를 매장하는 대표적인 장소로 이해하기도 하였다.

이보다 시간을 더 거슬러 올라가 고대 사회에는 어떠했을까? 신라·가야 분묘에도 그 주인이 어린아이인 경우가 다수 있는데, 어린아이의 무덤에는 옹관묘를 사용하는 경우가 많았다. 예를 들어 김해 예안리유적의 옹관묘에는 3세 이하의 유아가, 사천 늑도유적에서 출토된 옹관묘에서는 1~2.5세 정도의 유아가 확인되었다. 이러한 사실은 발굴 당시 출토된 인골을 통해 확인된 것이어서 그 신빙성이 크다 할 수 있다.

경주 대릉원 내에 위치한 큰 고분들 중 1924년 일본인 학자 우메하라(梅原末治)가 발굴한 금령총의 주인도 어린아이로 추정된다. 발굴된 부장품 가운데 금관의 크기가 작고 주피장자가 착장한 장신구의 출토 범위가 좁아 이 무덤의 주인을 어린아이 즉 왕자로 보았다. 무엇보다 이 고분에서는 기마인물형토기 한 쌍이 출토되었는데 마치 말을 타고 영혼 세계를 여행하는 듯한 형상을 갖추고 있어 신라인의 내세관과 연결되는 중요한 유물로 주목받았다.

필자가 주로 연구대상으로 삼는 경산 조영동고분군의 EⅢ-8호분의 주인공도 어린아이이다. 주곽에는 2명의 피장자를 겹쳐 매장하였는데, 이 중 아래쪽에서 확인된 3~5세 정도의 어린아이가 주피장자로 머리뼈 일부만 남아 있었다. 이 어린아이(주피장자)는 금동제 태환이식(굵은 고리 귀걸이)과 곡옥 장신구를 착용하고 있었다. 그리고 머리맡에는 고배, 연질발, 장경호 등의 제의용 토기들이 부장되어 있었는데, 장경호 안에는 여러 종류의 토구와 석구, 토제유희구 등이 들어있었다. 이 주피장자 바로 위에 15세 전후의 순장자를 주피장자와는 반대 방향으로 매장하였고 그 위에 금동관이 부장되어 있었다.

»» 조영EⅢ-8호 전경

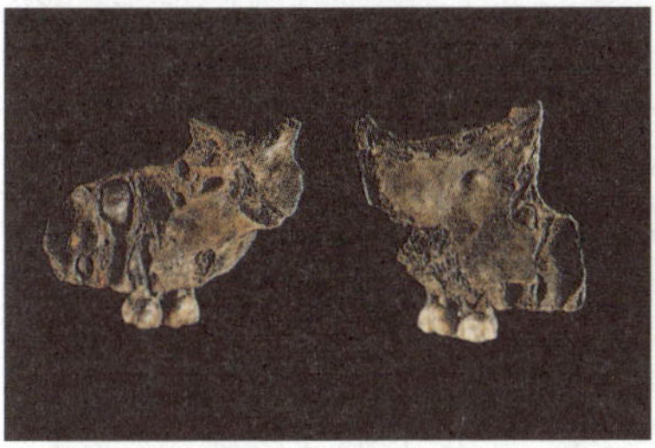

»» 조영EⅢ-8호 주피장자 인골(어린아이, 3~5세)

»» 조영EⅢ-8호 금동관 출토 전경

»» 장경호 속 어린아이 장난감 출토 모습

»» 장경호 속 어린아이 장난감 부장 모습

이를 통해 볼 때 이 무덤의 주피장자인 어린아이는 사고나 질병 등으로 어린 나이에 죽게 되었고, 생전에 이 아이를 돌보던 유모를 함께 순장하여 내세에서도 보살피게 하였던 것으로 보인다. 또한 생전에 어린아이의 신분을 상징하던 화려한 장신구를 함께 착장한 채 매장하였으며 어린아이가 가지고 놀던 돌이나 흙을 구워 만든 장난감들을 각종 제사유물과 함께 부장하였음을 알 수 있다. 어린아이와 순장자, 각종 유물이 다 부장되고 난 다음 이 아이의 아버지는 그가 쓰던(어쩌면 이 아이에게 물려주어야 했을) 금동관을 함께 넣으면서 자식의 죽음을 애도하는 장면을 상상해 볼 수 있다.

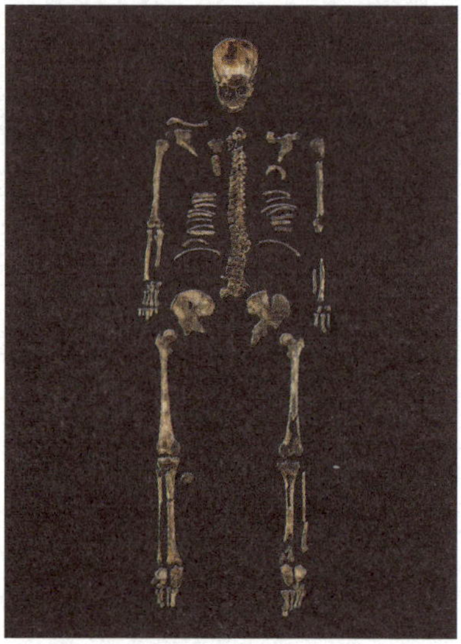
»» 조영EIII-8호 순장자 인골(15세 전후)

경주와 경산 고분에서 보듯이 어린아이의 비정상적인 죽음과 아이를 위한 특별한 장례 과정을 통해 고대 사회에도 이미 선대로부터 물려받은 귀속지위, 즉 이 아이의 능력이나 업적에 의한 것이 아니라 사회 속에서 신분에 의해 계승된 지위가 존재하였음을 볼 수 있다. 출토 유물을 통해 볼 때, 그 수준 또한 상당하였음을 짐작할 수 있다.

그런가 하면, 경산 조영동고분군에는 출산 시 사고로 사망한 것으로 추정되는 아이와 엄마가 함께 매장된 사례도 확인된다. 조영1A-6호분은 동서 길이 238㎝, 너비 60~63㎝ 정도의 크기의 주곽을 마련하고 그 서쪽에 작은 부곽을 설치한 고분이다. 발굴 당시 고분 안에는 비교적 양호한 수준의 인골 1구가 머리를 동쪽으로 둔 상태로 가지런히 놓여 있었다. 최근 이 인골에 대한 정밀 분석 결과, 21~35세 정도의 여성으로 추정되었으며 대퇴골과 경골에 외골막염이 확인되었고, 치아는 생전에 일부 결실되었으며 충치나 치관이 탈락한 흔적도 확인되었다. 하지만 더욱 주목되는 것은 이 인골과 함께 발굴 당시에는 알지 못했던 10달 남짓 성장한 태아뼈가 함께 확인되었다는 것이다.

따라서 이 젊은 여성 인골은 엄마로, 이와 함께 확인된 태아뼈는 그녀의 아이로 추정할 수 있는데 출산 시 또는 출산을 전후한 시점에 엄마와 아이가 함께 죽어 매장한 것으로 볼 수 있다. 이러한 출산 사고는 각종 문헌자료나 조선시대 무덤에서 확인된 사례가 있으나 고대 사회에서는 처음 확인한 고고학 성과다.

›› 조영1A-6호 발굴 전경

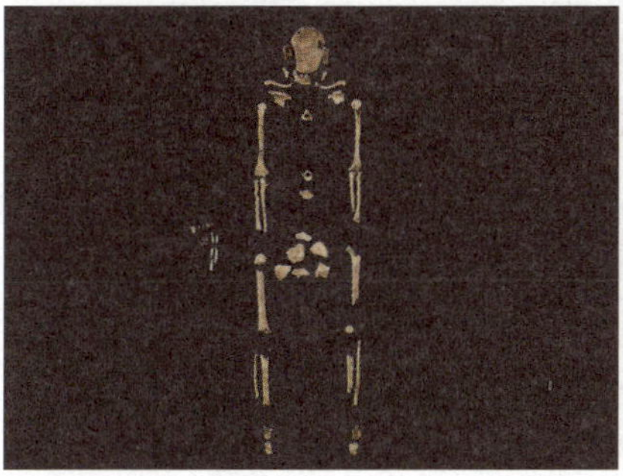

›› 조영1A-6호 출토 주피장자(21~35세 여성)와 태아뼈

›› 조영1A-6호 출토 태아뼈

1st
Special Story

# 임당 발굴과 고고학의 세계

임당유적은 넓은 압량벌과 금호강이 한눈에 들어오는 임당 구릉 위에 분묘유적과 생활유적으로 구성된 대규모의 복합유적이다. 1980년대 초 발굴조사가 시작된 이래 현재까지 지점을 달리하며 1,600여 기의 무덤과 주거지, 토성, 환호, 저습지 등의 유적이 드러났으며, 약 25,000여 점이나 되는 방대한 양의 유물이 출토되었다. 다시 말해 이곳은 기원전 4세기부터 기원후 7세기 무렵까지 약 1,000년 가까운 세월 동안 당시 압독국 사람들의 죽음과 삶의 모습을 고스란히 간직하고 있는 지하의 보고라고 할 수 있다.

임당유적 중 생활유적은 고분군의 서쪽부분에 일정한 경계를 이루면서 위치하는데, 서북쪽의 나지막한 구릉에 만들어진 환호, 그 남쪽에 형성된 평지와 완경사면에 자리 잡은 주거지, 그리고 토성 등이 시기를 달리하며 3개 군(群)으로 나뉘어 분포한다. 이들 생활유적을 시기별로 살피면, 기원전 4세기 전후의 환호, 기원후 3~4세기경의 주거지, 4~6세기경의 토성, 7세기

• 임당유적 전경

경의 적심건물지로 구분되며, 토성의 축조 이후부터는 이곳이 계속해서 중심지 역할을 하였을 것으로 생각된다.

임당유적은 여러 조사기관에 의해 발굴되었는데 각 기관에서 발표한 조사 구간과 유구분포를 하나의 도면 위에 올려 놓으면 아래와 같다. 서쪽 구릉에 남북으로 긴 장타원형의 토성이 축조되었고 그 주변으로 취락군이 형성되어 있으며 토성의 북쪽으로는 저습지와 환호가 형성되어 제사의 공간이 마련되었다. 그 축조시기는 서로 다르다. 토성의 남쪽에는 임당동고총군이, 동쪽 구릉의 북쪽에는 조영동고총군이, 그리고 북동쪽으로 길게 뻗은 능선에는 부적리고총군이 축조되었다. 그리고 유적의 서쪽과 중앙, 동쪽, 동북쪽 등 전역에 걸쳐 고분군이 조성되었다.

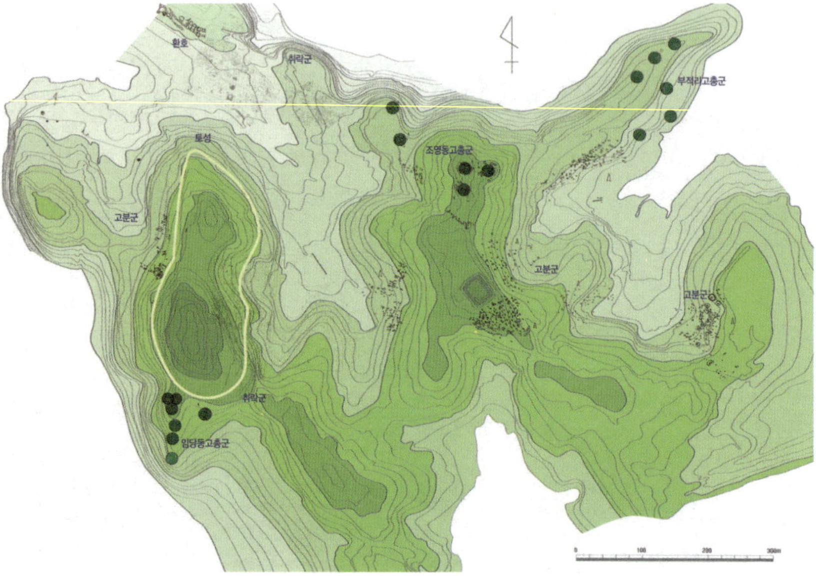

• 임당유적 유구 분포도

임당유적이 위치한 구릉의 북쪽에는 금호강이 흐르고 그 주변은 강의 범람으로 충적지대가 형성되어 있어 고대부터 사람들이 농사지으며 살기 적합한 공간임을 알 수 있다. 유적은 토성과 주거지, 환호, 고분군 등으로 이루어졌으나 이 곳에 민가가 들어서고 대규모 택지개발로 지금은 사적으로 지정된 일부의 공간을 제외하고는 유적의 흔적을 전혀 찾아볼 수 없다.

임당 구릉의 서북쪽에서는 환호를 비롯한 주거지와 저습지 등 생활유적이 조사되었다. 임당유적의 환호는 임당토성이 축조된 구릉과 북편으로 마주하는 야트막한 구릉에 위치하여 신성한 의례의 공간을 감싸는 곳으로 이해된다. 환호는 토성보다 훨씬 앞서 축조된 유구이다. 토성은 임당유적 중 가장 높은 구릉에 위치하며 가운데는 평탄면을 이루고 있고 사면도 매우 완만한 편이다. 주변을 두루 조망하거나 외부의 침입으로부터 방어하기도 유리하다. 뿐만 아니라 주거공간으로 이용하기도 좋은 위치이다. 임당동 주거지는 말각방형 또는 장방형이 주를 이루고 있으나 원형을 이루는 것도 있다. 대부분 화재로 인해 불탄 상태로 조사되었으며, 부뚜막과 구들이 만들어져 있고 바닥을 불다짐한 것도 있다. 저습지는 임당토성과 환호가 위치하는 남과 북, 양 구릉 사이의 계곡부에 형성되어 있다. 저습지 내부에서는 수변제사와 관련된 유물과 패각류가 출토되었다. 출토유물로 보아 기원 전후의 시기에는 수심이 있는 치수용 제방이나 보로 이용되다가 그 후 자연적인 퇴적이 이루어져 점차 저습지로 변한 것으로 추정된다.

각각의 생활유적을 좀더 자세히 살펴보자. 환호는 임당토성이 축조된 구릉과 북편으로 마주하는 야트막한 구릉에 위치한다. 환호가 조성된 지점은 북사면이 급경사를 이루고 남사면은 곡부가 형성되어 있어 환호가 조성되면서 다른 지점과 분리된 것 같은 모양새가 되었다. 구릉을 감싸듯이 동서방향으로 두 개의 도랑이 나란하게 배치된 형태이다. 환호 중 일부는 끊겨 있는데, 내부로 드나드는 출입구로 보인다.

● 환호 출토 전경(출처 영남문화재연구원)

● 환호 출토유물

원래 환호는 마을 간의 긴장관계에 따른 방어시설, 주변 야생동물로부터 마을을 보호하기 위한 울타리, 내부와 외부를 구분하는 상징적 경계, 배수의 기능, 의례의 기능 등이 있는 것으로 알려진다. 임당의 환호는 특정한 장소, 즉 신성한 의례의 공간을 감싸는 기능으로 이해되며, 처음 축조된 시기는 기원전 4~3세기로 추정된다.

주거지는 임당 구릉의 북서쪽에 위치한 I지구에서 60기, 임당 208번지 유적에서 17기가 조사되었는데, 축조 시기는 기원후 3~4세기경으로 추정된다. 평면형태는 말각방형 또는 장방형이 많지만 원형도 있다. 주거지는 대부분 화재로 인해 불탄 상태로 조사되었으며, 부뚜막과 부분 구들이 만들어져 있고 바닥을 불다짐한 것도 있다. 주거지에는 기둥과 서까래로 사용된 목재들이 불탄 채로 확인되기도 하였다. 주거지 내부에서는 장란형토기, 파수부발, 시루, 옹 등 연질제의 생활용 토기가 주로 출토되었는데 고분에서 출토되는 제사용 토기와는 전혀 다른 양상이다. 이러한 생활용 토기에는 음식을 저장하거나 조리, 취사용으로 사용된 것도 있어 당시 압독 사람들의 요리 문화를 연구하는 데 크게 기여하고 있다.

• 임당 I 지구 주거지 10호(출처 영남문화재연구원)

• 주거지 출토유물

저습지는 임당토성과 환호가 위치하는 남과 북, 양 구릉 계곡부에 형성되어 있었다. 저습지 내에서는 수변제사와 관련된 것으로 추정되는 유물과 패각류가 출토되었다. 유물의 내용으로 보아 기원 전후의 시기에는 수심이 있는 치수용 제방이나 보(堡)였으나 그 후 자연 퇴적이 진행되어 점차 저습지로 변화한 것으로 추정된다.

저습지에서는 고식도질토기 외에 부산, 김해에서 반입된 토기와 일본에서 생산된 하지끼(土師器)등 토기가 출토되었다. 또한 갑옷을 만들던 나무 틀과 베틀 부속구, 나막신, 칠그릇, 각종 건축부재 등 다량의 목기가 출토되었다. 그리고 패각류, 용도미상의 골각제품, 말·소·돼지·개 등의 동물뼈, 이형토제품, 철촉과 철겸, 철도자 그리고 최하층에서는 오수전도 수습되었다. 이렇듯 임당 저습지에서 발굴된 다양한 유물들은 1~4세기 압독국의 생활상과 의례, 대외 교류양상 등 당시의 많은 정보를 전해 주고 있다.

토성은 임당유적 중 가장 높은 구릉에 위치하며 가운데는 평탄면을 이룬다. 사면도 매우 완만한 편이어서 주거 공간으로 적합하다. 또한 주위 조망과 방어에도 유리한 지형이다. 토성의 평면형태는 장타원형이며, 규모는 남북 350m, 동서 120m, 둘레 950m 정도로 추정된다. 토성은 직경 50~80㎝의 나무기둥을 외연을 따라 대칭적으로 설치하였다. 그 내부는 판축과 유사한 성토로 성벽 중앙부를 축조하였고, 그 다음에 성벽 외측에 덧붙여 판축상의 외벽을 성토하였다.

토성의 존속기간은 4세기 후반에서 6세기 정도로, 임당토성을 중심으로 취락이 유기적으로 구성되어 있었을 것으로 추정된다. 토성은 대규모의 인력이 동원되는 토목공사이기에 이 지역 집단의 규모와 수준을 짐작할 수 있다.

● 저습지 발굴조사 광경

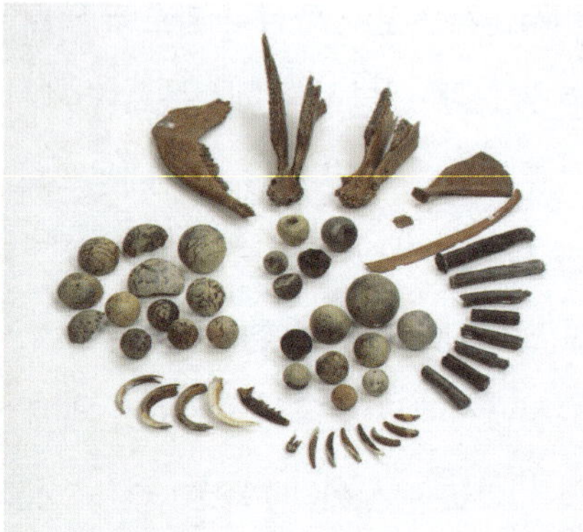

● 저습지 출토유물

● 저습지 발굴조사 전경(출처 영남문화재연구원)

● 저습지 출토유물

임당I지구 유적에서는 원삼국시대에서 삼국시대에 이르는 건물지가 발견되었다. 이 중 적심건물지 2~5호는 'ㄷ'자 상으로 동일 지역에 배치되어 있어 같은 시기에 축조되었을 것으로 추정된다. 적심건물지의 구조는 2호가 정면 1칸, 측면 1칸, 3호가 정면 2칸, 측면 1칸, 4호가 정면 4칸, 측면 1칸, 5호가 정면 2칸, 측면 2칸으로 이루어져 있다. 건물지의 동서 거리가 27m 정도, 남북 거리가 32m 정도로 대규모의 건물지였을 가능성이 커 관아시설 또는 대저택으로 추정된다.

적심건물지 내부에는 내부공간을 구획한 소형 담장으로 추정되는 시설

• 토성 전경(출처 영남문화재연구원)

• 임당 돌 비석

물이 확인되었으며 건물지 주변으로는 배수로 및 부석유구가 축조되어 있었다.

임당유적의 고분군은 행정구역상 경산시 임당동, 조영동, 압량면 부적리에 걸쳐 분포하고 대규모 군집을 이루고 있는 경산지역을 대표하는 중심고분군이다. 이곳에는 초기 철기시대부터 통일신라시대에 이르기까지 목관묘(木棺墓), 목곽묘(木槨墓), 적석목곽묘(積石木槨墓), 암광목곽묘(岩壙木槨墓), 석실

• 임당유적 내 조영EⅢ호분 전경

묘(石室墓) 등 다양한 유형의 분묘가 시기를 달리하면서 각각 조성되었다. 이렇게 장기간에 걸쳐 무덤이 축조된 것은 이들을 축조한 집단이 지속적으로 세력을 유지하고 있었음을 시사한다. 특히 4~6세기까지 축조된 크고 높은 봉토를 가진 고총은 그 축조 서열이 잘 드러나며 금공품을 비롯한 많은 위세품이 출토되어 당시 신라권의 세력동향과 신라고고학 편년 연구, 신라지역 고고학 연구에 중요한 자료를 제공한다. 또 각 무덤에서는 많은 인골이 출토되어 순장을 비롯한 장제 연구에 유익한 정보를 주고 있다.

# 2장

# 고고학 속 동물 이야기

08

# 돔배기, 아주 오래된 제사음식

보통 상어 요리라고 하면 샥스핀을 떠올리는 사람들이 많겠지만, 경상도에서 태어나 자란 사람들은 돔배기라는 음식을 기억할 것이다. 돔배기란 상어고기를 토막 내 소금에 절여 숙성시킨 고기를 말한다. '돔박돔박' 네모나게 썰었기 때문에 붙여진 이름이라는 말도 있고, '돔발상어'에서 나왔다는 얘기도 있다. 어쨌든 현재 돔배기는 포항의 과메기, 안동의 간고등어와 비교되는 내륙지방에서 맛볼 수 있는 별미 중 하나다.

돔배기는 가시가 별로 없고 비린내가 적은 데다가 요리를 하면 육질이 담백하고 부드러워진다. 보통 포를 뜬 돔배기를 꼬치에 가지런히 꿰어 식용유를 두른 팬에 굽는데, 경상도 사람들에게는 어릴 때부터 먹어온 익숙한 맛으로 다른 지역에선 맛보기 어려운 '소울 푸드(soul food)'라고도 할 수 있다.

한의학에서는 상어를 '교어(鮫魚)'라고 해서 오장(五臟)을 보(補)하는 효능이 있고, 특히 간(肝)과 폐(肺)를 돕는 작용이 강해 피부 질환이나 눈병에 많이 이용하였다고 한다. 또한 단백질이 많고 지방이 적어 다이어트 목적으로 즐겨 먹는 닭가슴살과도 비슷하면서도 몸에 필요한 다른 영양소들이 훨씬 뛰어나다고 한다. 따라서 건강 음식을 즐겨 찾는 현대인들에게도 좋은 음식이겠지만 지금과는 비교도 안 될 만큼 영양 공급이 부족했던 고대 사회에서는 단백질과 다른 영양소들이 풍부했던 이 상어고기를 귀하게 여겼을 것이다.

지금도 경상도 사람들은 귀한 손님이 오셨을 때나 잔칫날, 그리고 명절과 제사 때에는 꼭 돔배기를 상에 올린다. 돔배기를 제사상에 올리는 곳은 돔배기 거래로 유명한 영천을 비롯해 대구, 경주, 안동, 예천, 영주, 의성, 군위, 봉화 등 주로 경북지역이다. 그렇다면 과연 이 지역 사람들은 언제부터 돔배기를 제사상에 올렸을까?

현재까지 진행된 고고학 발굴 성과에 따르면, 신라시대 무덤 내부에 이 상어고기의 뼈가 출토되는 것으로 봐서 늦어도 신라시대에는 왕 또는 최고 지배자의 장례나 국가 제사와 같은 의례에 이 돔배기를 사용하였던 것이 분명해졌다. 그 구체적인 증거를 경산 임당동과 조영동고분군에서 잘 확인할 수 있다.

›› 임당유적 내 상어뼈 출토 전경

›› 임당유적 내 상어뼈 출토 전경

무덤은 죽은 사람을 안치하는 곳이자 흙에 묻히는 순간 살아 있는 사람과 영영 이별하게 되는 공간이다. 하지만 신라 사회의 왕들은 죽어서도 살아 있을 때의 권위와 삶을 영위할 수 있도록 무덤 축조에 있어 다양한 장치를 하였다. 즉, 무덤에는 주인공이 갖춰 입던 각종 장신구와 의복, 각종 제사용기와 그 위에 차려진 음식이 함께 부장되었다. 그리고 주인공을 모시던 시녀와 시동을 함께 순장하였다. 또한 별도의 공간을 마련하여 저승에서도 사용할 각종 그릇과 무기, 마구, 농공구 등을 부장하였다. 이렇게 축조된 무덤을 1500년이 지난 뒤에 발굴해 보니, 유기물로 된 음식은 대부분 썩어 없어졌고 음식을 담았던 용기만 제자리에 고스란히 남아 있게 된 것이다.

하지만 임당 고분에는 여러 종류의 제사음식이 확인된다. 즉 말, 돼지 등의 포유류와 꿩, 두루미 등의 조류, 잉어, 방어, 참돔, 복어 등의 어류와 조개, 소라, 고둥 등의 패류를 부장하였음을 알 수 있다. 그 중에서도 많은 양의 상어뼈가 눈에 띈다.

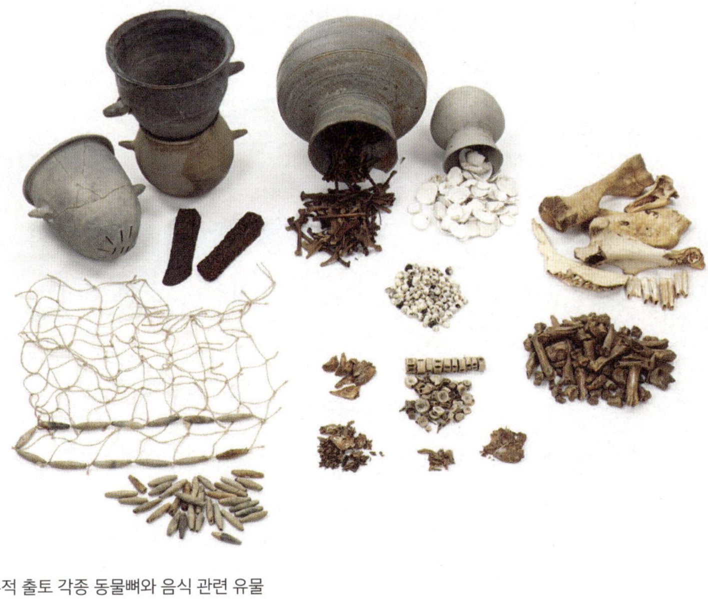

»» 임당유적 출토 각종 동물뼈와 음식 관련 유물

돔배기는 무덤에 어떤 방식으로 들어갔을까? 먼저 토기 내에 담겨진 채로 부장되는 경우다. 이때 사용되는 토기는 주로 고배나 장경호와 같은 제사토기이거나 단경호와 같은 저장용 토기다. 전자는 돔배기 형태로 제기에 담긴 채 제사가 진행된 이후 무덤에 부장되었다고 볼 수 있고, 후자는 사후의 식료품으로 사용할 목적으로 부장되었다고 이해할 수 있다. 그런가 하면 토기가 부장되지 않는 빈 공간에서 출토되는 경우가 전자보다 훨씬 많이 확인되는데, 무덤 주인공의 사후 생활을 위한 식재료를 그대로 부장하였다고 볼 수 있다. 이 경우에는 상당히 많은 양의 상어뼈가 출토되는데 한 마리가 통째로 부장된 것 같기도 하다.

이 귀한 상어를 언제 잡아 저장하여 이동하였을까? 어류는 어기(漁期)를 살펴볼 필요가 있는데, 상어는 주로 봄과 가을에 포획하여 등을 갈라 그대로 말리거나 염장을 하여 내륙에 판매된다고 한다. 비교적 서늘한 계절에 어류를 포획했다고 해도 해안에서 이곳 경산까지의 거리와 당시의 운송 수단을 고려하면 부패를 막기 위한 상당한 저장 장치가 필요했을 것이다. 조선시대 말기까지도 얼음보다 소금을 많이 이용했다는 점을 고려하면 당시에도 비슷한 상황이었을 것이다.

따라서 동남해에서 포획한 상어는 저장용 토기에 담겨 상당한 시간이 지나도 상하지 않도록 염장된 채 운송되었을 것이다. 다만, 이렇듯 해안에서 잡아 염장하여 이곳까지 운송하는 데에는 상당한 비용이 들었을 것이다. 이러한 일련의 과정은 당시 지방 지배자들이 이러한 비용을 지불할 수 있는 경제적 부와 사회적 지위를 확보하고 있었다는 것을 방증한다고 하겠다.

이상으로 돔배기는 고대 신라의 왕실과 귀족 사회의 전통에 따라 즐겨 먹던 음식으로 지금까지 전해져 오는 아주 오래된 제사음식임을 살펴보았다. 고대 사회에서는 단백질을 비롯한 부족한 영양을 보충하기 위해 먼 바다에서 잡은 것을 이곳까지 가져와 먹었으며 그 증거를 발굴을 통해 확인할 수 있었다. 돔배기는 고대 사회에서 제사나 장례 음식으로 사용되었던 것에서 그치지 않고 현재의 우리 입맛까지 사로잡은 우리 지역의 전통음식이 된 것이다. 이를 통해 볼 때 우리 입맛을 통해 내려온 전통도 현재와 미래사회의 지속가능한 역사 자원으로 재생산될 수 있을 것이다.

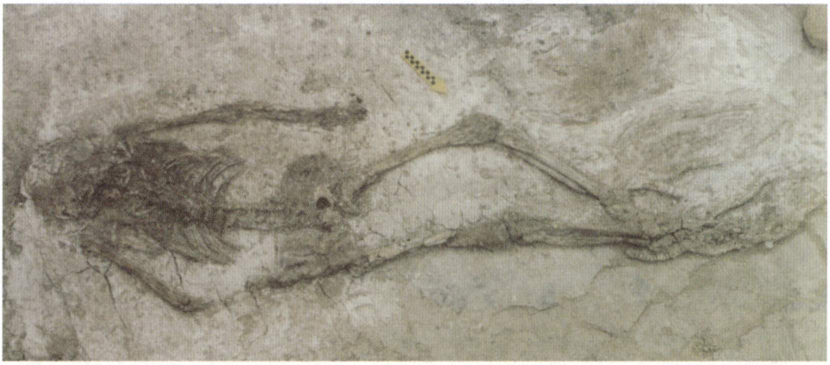

››› 조영E Ⅰ-1호 부곽 순장자 및 상어뼈 출토 전경

››› 조영E Ⅰ-1호 부곽 순장자 및 상어뼈 출토 전경 복원도

09

# 꿩, 고대 사람들도 즐겨 먹었던 보양식

'꿩 대신 닭'이란 말을 흔히 쓴다. 우리 전통음식인 떡국은 보통 소고기를 육수로 만드는데 농가에서는 소가 아주 귀한 동물이었기에 꿩고기를 이용해 육수를 내었다고 한다. 그런데 사냥으로 꿩을 구하기가 힘들어지면 어쩔 수 없이 집에서 기르던 닭으로 육수를 내었는데 이것을 보고 꿩 대신 닭이라는 표현이 생겨났다고 한다.

지금도 꿩은 산이나 들에서 쉽게 볼 수 있는 새 중 하나다. 보통의 새들이 그렇듯이 꿩도 수컷이 화려하고 아름답다. 반면 암컷은 깃털 빛깔이 짙고 짧은 꼬리를 지녀 수컷보다 볼품이 없다. 잘 알려져 있듯이 수컷을 '장끼', 암컷을 '까투리'라 하며 꿩의 새끼는 '꺼병이'라고 한다.

꿩은 조선시대 민화 중 화조도(花鳥圖)에 자주 등장한다. 화조도는 연꽃이나 매화, 모란, 국화 등 여러 가지 꽃과 오리, 백로, 원앙 등 각종 새를 쌍으로 그리는데 이 중에 꿩이 등장하기도 한다. 또한 꿩은 선비가 높은 사람을 찾아뵐 때 예물로 사용되기도 했다. 꿩은 맛이 좋지만 가둬놓고 길들일 수가 없었기에, 선비가 임금에게 꼭 필요한 존재이지만 수중에 두고 함부로 할 수 없다는 의미로 해석할 수 있다. 즉 임금을 잘 보필하되 굳은 지조를 지키는 선비의 정신을 꿩에 담아 폐백으로 바친다는 뜻이라

할 수 있다.

꿩은 예로부터 보양식품으로 기운을 돋워주고 고단백의 알칼리 식품인데다가 맛이 아주 뛰어난 것으로 알려져 있다. 고대 문헌인 『삼국유사』에서는 태종 무열왕 김춘추가 '평소에 하루동안 쌀 세 말과 꿩 아홉 마리를 먹었다'는 기록을 볼 수 있다. 신라시대 왕의 식사에 꿩이 다양한 방법으로 조리되었을 것이다. 또한 신라 눌지왕 25년(441) 봄 2월에 '사물현(현재의 경남 사천시)에서 꼬리가 긴 흰 꿩을 바쳤고', 백제에서는 법왕 1년(599) 9월 '왜국에 사신을 보내면서 낙타, 노새, 양, 흰 꿩을 선물을 보냈다'고 한다. 고구려 마선구1호분 벽화에는 고깃간에 꿩이 걸려 있는 것을 볼 수 있다. 이처럼 꿩은 삼국시대에도 주요 단백질 식재료로 사용되었음을 짐작할 수 있다.

최근 발표된 고고학 발굴조사 성과를 통해서도 꿩이 우리 지역 고대 사회에서 많이 사용되었음이 확인되었다. 1988년에 영남대학교박물관이 발굴조사한 경산 조영동고분군 EⅢ-2호분이 있다. 이 무덤은 5세기 초반(400~420년 경)에 축조되었던 것으로 주인공이 묻힌 주곽과 사후 생활물품과 음식을 부장한 부곽으로 축조되었다.

발굴 당시 주곽은 도굴되어 거의 남은 것이 없었지만 이 무덤 주인공이 당시 최고 지배자임을 상징하는 금동관과 금동허리띠, 유리목걸이, 은반지 등 다양한 장신구가 확인되었으며 철제 큰 칼이나 손칼, 쇠창 등 무기류도 확인되었다. 부곽에는 전혀 도굴되지 않은 채 내부에 각종 토기류와 농공구류, 마구류, 갑옷과 무기 등 1500년 전에 부장되었던 유물이 고스란히 드러났다.

특히 부곽에 부장된 다양한 크기의 목항아리에는 바다에서 잡은 상어

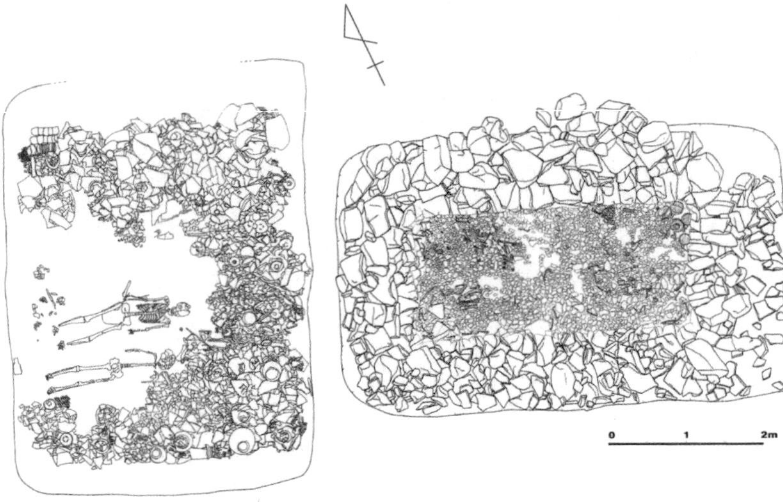

››› 조영EⅢ-2호 주곽(우)과 부곽(좌)

나 방어, 복어, 넙치 등이 담겨져 있었으며 민물고기인 잉어도 부장되었다. 또한 눈알고둥, 피뿔고둥, 두드럭고둥, 맵사리, 밤고둥, 전복, 백합, 큰집가리비 등 다양한 종류의 조개류도 출토되었다. 이러한 사실은 이곳에 묻힌 당시의 최고 지배자가 동해안 또는 남해안지역과 활발히 교역하며 해안지역에서 생산된 어패류를 즐겨 먹었음을 짐작케 한다.

이 부곽에는 다수의 조류도 확인되었다. 이 중 136번 짧은 목항아리에는 기러기속(屬), 두루미과(科), 느시과(科) 등 3개체의 조류가 담겨져 있었으며 41번 짧은 목항아리에는 꿩과(科) 657점이 부장되어 있었다. 조류의 경우 흉골은 한 개체에 하나씩만 있는 것이므로 이 흉골을 기준으로 볼 때 최소 개체수는 70마리로 추산할 수 있었다. 즉 이 항아리에는 꿩 70마리를 잡아 부장하였던 것이다. 5세기 초반에 죽은 이 무덤의 주인공이 꿩을

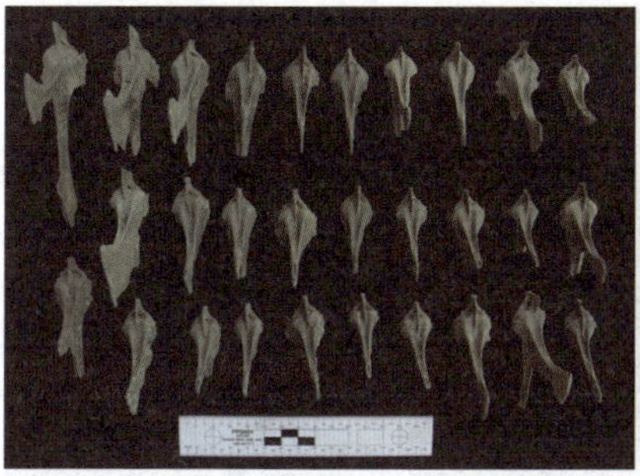

››› 조영EⅢ-2호 부곽 내 41번 항아리 출토 꿩 科 흉골

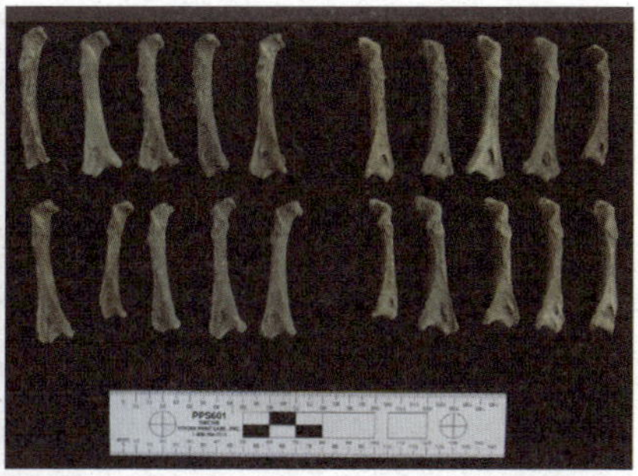

››› 조영EⅢ-2호 부곽 내 41번 항아리 출토 꿩 科 오구골

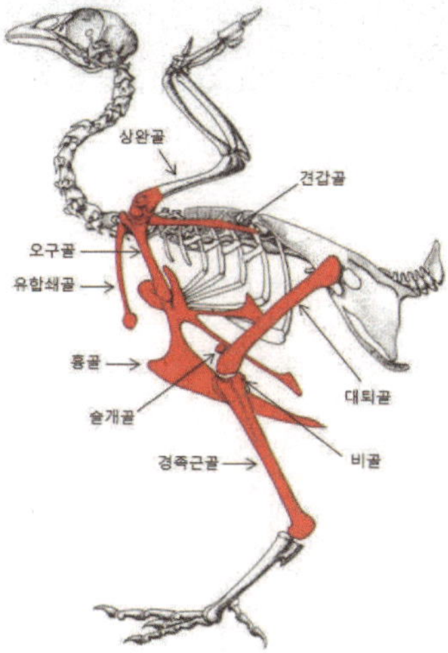


››› 조영EⅢ-2호 부곽 내 41번 항아리 출토 꿩 科 출토 부위

얼마나 즐겨 먹었는지, 또 당시 이 지역에 살았던 사람들이 꿩을 얼마나 잡았는지를 잘 보여주는 고고학적 증거라 할 수 있겠다.

또 하나 재미있는 사실은 이 항아리에 담긴 70마리 꿩의 날개 윗부분인 상완골과 몸통과 날개를 잇는 부위인 창사골, 오구골, 견갑골, 몸통의 아랫부분인 흉골, 발을 제외한 다리 부위인 대퇴골과 경족근골, 비골만 확인되었다는 것이다. 즉 꿩을 잡아 손질하면서 먹지 않은 내장이나 발끝과 날개끝, 목과 머리 부분을 제거하고 살이 많은 특정 부위만 선별하여 부장했음을 알 수 있다.

그런가 하면 이 무덤보다 한 세대 정도의 시간이 지난 뒤 이 무덤에 연접되어 축조되는 조영EⅢ-4호분의 부곽에서 출토된 어류의 사례도 눈여

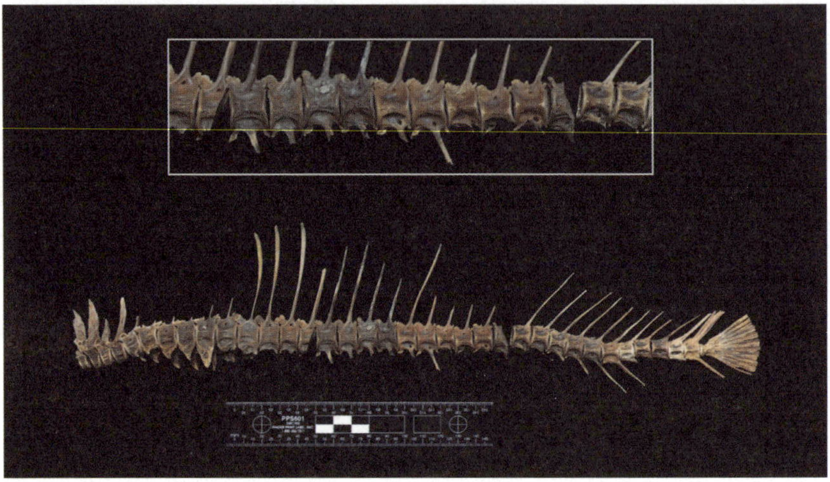

››› 조영EⅢ-4호 부곽 내 70번 항아리 출토 넙치뼈

겨 볼만하다. 이 무덤의 부곽에서 확인된 짧은 목항아리에는 길이가 50㎝ 이상 되는 넙치 한 마리를 날카로운 도구로 삼등분하였는데 척추골에 그 흔적이 남아 있다. 이 넙치의 경우 내장만 손질하고 다른 부분은 손질하지 않은 채 적당한 크기로 잘라 담았던 것으로 보인다.

고대 분묘에서의 동물 희생의례는 동물 희생과 동물 부장으로 구분할 수 있다. 전자는 분묘 축조 과정에서 무덤의 외부 즉 무덤의 뚜껑돌 위나 봉토 내부, 봉토 주변에서 확인되는 것이다. 앞서 소개한 사례는 후자의 경우인데, 동물의 부장은 대부분 주인공의 사후 세계를 위한 음식 공헌이었다. 또한 음식 공헌에 있어서도 먹지 않는 부분은 손질하여 제거한 상태로 부장하였음을 알 수 있다. 이처럼 1500년 전 고분 속에서 출토된 동물 뼈도 고대인의 식문화를 한 걸음 더 깊이 들여다 볼 수 있는 좋은 사료(史料)가 될 수 있다.

10

# 말의 신성(神性)과 실용(實用)

구석기시대부터 인류와 아주 밀접한 동반관계를 유지해 온 동물 중 하나가 말(馬)이다. 처음에는 말을 식용의 목적으로, 다음에는 사냥의 수단으로, 그 다음에는 말을 전쟁에 이용하기도 했으며 교통과 운수의 수단으로도 사용하였다. 후기구석기유적으로 유명한 프랑스의 라스코 동굴벽화에는 말 그림이 그려져 있는데, 함정 같은 데에 빠져 있는 말과 사람이 던진 창에 맞은 말의 모습이 그려져 있어 모두 사냥의 성공을 기원하는 의미임을 짐작할 수 있다. 신석기시대 말기가 되면 인간이 말을 사육하기 시작했으며 말을 제어하기 위한 재갈의 흔적이 확인되어 승마용으로도 사용되었음을 보여준다. 기원전 3500년경 인류는 말을 이용해 수레를 끌기 시작했으며 기원전 3000년경에는 본격적으로 말을 사육하였다고 한다.

우리나라에서 말은 고고자료를 통해 볼 때 선사시대부터 확인되며 기원전3세기 ~ 기원전2세기에는 패총이나 수혈에서도 말뼈가 출토된다. 『사기』「조선전」에 한나라 무제와 대결하고 있던 위만조선이 협상과정에서 말 오천 필과 군사에게 먹일 양식을 바치려 했다는 기록으로 보아 기원전 109년에는 기마의 습속이 정착되었고 전투용 말을 상당량 보유하였음을 짐작할 수 있다. 또 『삼국지』「동이전」에 부여에 명마가 산출되었고 후한 환제(146~167년)에게 과하마(과수나무 밑을 통과할 수 있을 정도의 작은 말)가 특산물로 헌상되고 있어 고구려에 기마문화가 확산되고 있음을 알 수 있다.

고대 신라, 가야 사회에도 말과 관련한 흔적이 많이 보인다. 필자도 고고학 현장 경험을 통해 고대 말 문화와 관련한 몇 가지 추억이 있어 이를 소개하고자 한다.

필자가 근무하는 영남대학교의 교표가 천마(天馬)임은 주지하고 있는 사실이다. 하지만 영남대학교가 1967년 대명동에 개교하고 1968년 처음 제정한 교표는 방패와 책 모양을 상하로 배치하고 방패 안에는 열쇠를, 책에는 영대(嶺大)를 표시한 모양이었다. 이후 1969년 교표 현상공모를 통해 천마가 선정되었고 1970년 비로소 '천마'가 등장하였다. 이 때는 영남대학교가 신라 삼국통일의 주역인 김유신과 신라 화랑의 유서가 깃든 경

» 경주 천마총 출토 장니의 천마도(출처 국가유산청)

산 압량벌에 자리를 잡던 시절이라 이 '천마'가 화랑의 기상과 잘 어울리는 이미지로 평가되었다. 하지만 이때 표현된 천마는 '날개 달린' 서양 천마의 형상이었다. 그러던 중 1973년 경주 대릉원 155호분(천마총)에서 장니에 그려진 천마도가 출토된 것을 계기로 1975년 개정된 교표에는 고사리 모양의 구름과 말갈기, 꼬리털을 휘날리는 '날개 없는' 천마로 표현되었다.

필자는 20여 년 전인 2001년, 대구 황금동에 있던 덕원중고등학교를 성암산 아래 욱수동으로 이전하기 전에 실시한 학교 신축부지 발굴조사에 참여하였다. 발굴 현장에는 120여 미터도 넘는 긴 도랑 2기가 남북을 가로지르며 축조되었으며 그 주변으로 수혈 주거지와 구덩이, 고상 건물지, 우물 등이 확인되었다. 유적의 축조 시기는 청동기시대부터 조선시대에 이르지만 중심 축조 시기는 삼국시대로 밝혀졌다. 이 중 삼국시대에 축조된 1호 도랑(溝) 내에서 그 형태가 아주 선명한 말모양토기가 옆으로 누운 채 출토되었다.

›› 욱수동 생활유적 말모양 토기 출토 상태

›› 욱수동 생활유적 출토 말모양 토기

이 말모양토기는 머리, 갈기, 고삐, 안교 등 디테일이 아주 사실적으로 제작되었다. 말머리에는 눈, 코, 입, 귀가 표현되었고 눈 주위로는 굴레가 씌어져 있었으며 고삐가 목 뒤로 얹혀 있었다. 목은 실제보다 두툼하여 둔한 느낌이 있으나 목 위로 갈기를 곧추세워 힘 있게 표현하였다. 등 위에는 안장을 얹고 전륜과 후륜을 부착하였으며 옆구리에는 언치를 얹었던 것이 남아 있었다. 엉덩이 주변에는 여러 갈래의 후걸이와 행엽이 부착되었고 꼬리는 짧게 표현하였다. 안장 위에는 타원형의 잔을 부착하였으며 이곳으로 술을 담아 따를 수 있도록 설계하였던 것 같다. 운이 좋게도 보고서를 작성하면서 필자가 이 유물을 직접 실측하였는데, 당시 이 유물을 관찰했던 기억이 지금도 생생하다.

영남대학교박물관 2층 전시실에는 또 다른 말 관련 유물이 전시되어 있다. 이 잔의 아래쪽에는 대각이 붙어 있고 옆에는 손잡이 3개가 등 간격으

»말 탄 사람 그림 토기 세트

»말 탄 사람 그림 토기 뚜껑

»말 탄 사람 그림 탁본

로 부착되었으며 뚜껑과 한 세트로 구성되었다. 이 토기의 뚜껑에 새겨진 문양이 참으로 걸작이다. 토기를 성형하고 완전히 마르기 전에 6조 정도의 긁개를 사용해 좌에서 우로 단숨에 긁어 말 형태를 표현하고 그 왼쪽과 오른쪽 아래에 다리를 그려 넣었다. 같은 긁개를 사용해 말 등 위에 사람 머리 부분과 몸통, 두 다리와 두 팔을 그려 말 탄 사람을 연출하였다. 그 말 탄 사람의 팔 앞에 단선으로 활을 쥐게 하고 말 아래에는 마부를 위치시켰다. 아주 단순하고도 쉽게 그린 듯 하지만 고대 사람들의 예술성을 담고 있다. 반복된 훈련이 뒷받침되지 않았다면 이렇게 세련된 그림을 그려내지 못했을 것이다.

그런가 하면, 1977년에 경주 인왕동고분군 발굴조사에서 출토된 말그림 석제품이 있는데, 이 또한 걸작이다. 이 석제품은 원판형으로 그 길이가 5.8㎝ 정도로 크지 않은데, 이 석제품의 한 가운데에 말이 힘차게 뛰고 있는 모습을 아주 힘 있고 실감나게 새겼다. 앞다리는 앞으로 쭉 뻗었고 뒷다리는 움추려 도약을 준비하고 있다. 머리의 갈기와 꼬리가 휘날리는 모습을 통해 역동적인 느낌을 받을 수 있다.

이처럼 말은 고대인들에게 교통이나 운송, 전쟁 등 실용적인 동물이었으며 특정한 계층의 집단이 소유하고 말 탄 사람의 권위를 상징하고 죽은 사람의 안식과 영혼의 승천을 바라는 신성한 동물이었다.

»» 말그림 석제품

»» 석제품에 그려진 말

11

# 토끼, 수호신일까? 반려동물일까?

지난 2023년은 계묘년(癸卯年) 토끼띠 해였다. 10간 가운데 '계'는 검은 색을, '묘'는 12지 열두 동물 중 토끼를 뜻하기에 '검은 토끼띠 해'라고 했다. 토끼의 상징은 여러 우화에서도 잘 표현된다. 토끼와 거북이의 경주 이야기에서는 잘 달리고 민첩한 토끼가 그려지고, 고전소설인 「토끼전」에서는 지혜롭고 영리한 토끼가 등장한다. 또한 토끼는 전통적으로 달과 밀접하게 관련된다. 토끼가 달 속에서 떡방아나 명약을 찧고 있다는 인식은 고대 중국과 불교 설화에서 비롯되었으며 이로 인해 토끼에게 달의 정령이라는 상징과 무병장수의 의미를 부여한 것으로 보인다.

그런가 하면 고사성어에도 토끼가 등장한다. '개와 토끼의 싸움'을 일컫는 견토지쟁(犬兎之爭), '그루터기를 지키며 토끼를 기다리다'라는 뜻의 수주대토(守株待兎) 등에서 토끼가 이야기의 소재로 사용된다. 또한 교토삼굴(狡兎三窟) 즉 '토끼는 숨을 굴을 세 개를 파 놓는다'라는 말은 근심없이 편히 잠을 잘 수 있을 만큼 안심할 수 있는 상황을 뜻하는 말로 토끼의 지혜를 표현하기도 한다. 부디 이 글을 읽는 이들에게 어려운 상황이 닥치더라도 토끼처럼 지혜롭게 극복하기를 바란다.

박물관에 전시된 유물에서도 간혹 토끼를 찾아볼 수 있는데 가장 대표적인 것으로 국보로 지정된 국립중앙박물관 소장 '청자 투각칠보문뚜껑 향로'를 들 수 있다. 이 유물은 고려시대 12세기경에 만들어진 청자 향로로 향을 피우는 화사와 화사 받침대로 이루어졌다. 이 받침대를 아주 귀여운 토끼 세 마리가 쪼그리고 앉아 등으로 떠받치고 있는데 토끼의 눈은 검은색 점을 찍어 나타냈으며 시선은 밖을 향하고 있다. 그 외에도 고려시대 청동거울이나 조선시대 그림, 백자 연적 등에서 토끼를 만날 수 있다.

잘 알려지지는 않았지만 고고학 발굴 현장에서도 토끼가 발견된 사례가 있다. 1982년에 발굴된 경산 임당동고분군은 도굴된 문화재가 해외로 밀반출되는 과정에서 적발된 사건을 계기로 조사하게 되었는데, 당시 도굴꾼이 도굴했던 고분으로 지칭한 곳이 바로 임당2호분이다. 공교롭게도 임당2호 북분 주곽에서 출토된 은제 허리띠가 도굴품에서 확인된 은제 허리띠와 동일한 것으로 확인되어 이 고분에서 도굴이 진행되었음이 명확하게 드러났다.

임당2호는 남분과 북분, 즉 2개의 분묘가 연접되어 축조된 고분으로 남분과 북분 모두 주피장자가 매장된 장방형의 주곽과 주피장자의 사후 생활물품과 순장자가 매장된 방형의 부곽으로 구성되었다. 이중 남쪽에 축조된 것을 '남분', 북쪽에 축조된 것을 '북분'이라고 불렀으며 남분이 먼저 축조되고 북분이 뒤를 이어 축조되었다. 주곽과 부곽의 배치 양상이 마치 '밝을 명(明)'자처럼 되어 있어 고고학자들은 이를 '명(明)자형 주부곽식'이라고 명명하였다. 이 분묘의 축조 시기는 기원후 5세기 말로 추정하였다.

임당2호 남분과 북분에서는 은제 허리띠를 비롯해 백화수피제 관모 등의 장신구와 토기류 수백 점, 금동제 마구류 등 수많은 유물이 쏟아졌다. 뿐만 아니라 동물유존체도 많이 발굴되었는데 최근에 이 동물유존체의 동정을 끝내고 그 결과를 공개하였다. 그 결과를 간단히 살펴보면 남분 주곽에서는 기러기 속, 느시 과 등의 조류와 흉상어류와 잉어류 등 어류가 확인되었다. 북분의 경우 주곽 내부는 교란이 심하여 동물유존체의 출토 양상이 명확하지 않지만 꿩과 2점, 기러기 속 1점, 돼지 1점이 확인되었으며 흉상어류, 쏨뱅이속, 넙치류, 복어류 등 어류가 출토되었다. 북분 부곽에서는 토기 내부에서 꿩 과, 기러기 속, 두루미 과, 오리 속 4종의 조류가 확인되었으며 최소 2마리에 해당하는 돼지뼈와 개뼈 1점이 확인되었다. 돼지의 경우는 '발'만 선택적으로 부장한 것으로 추정하였다. 또한 부곽에서는 흉상어류, 돔발상어과, 잉어류, 쏨뱅이속, 방어속, 감성돔, 넙치류, 복어류 등 어류가 확인되었다. 이 외에 두드럭고둥이 많이 출토되었으며 대수리를 비롯한 해수산 패류, 주름다슬기와 같은 담수산 패류도 확인되었다.

»» 청자 투각칠보문뚜껑 향로
(국보, 국립중앙박물관 소장, 사진 출처 국가유산청)

무엇보다 흥미로운 사실은 북분의 주곽에는 화강암제의 큰 돌 4매가 분묘를 덮는 뚜껑돌로 사용되었는데 그 뚜껑돌 북서쪽 부분에 동물뼈가 확인되었다는 것이다. 발굴 당시에는 개뼈 3마리분이 머리는 동쪽, 꼬리는 서쪽, 다리는 북쪽으로 향한 채로 18㎝ 간격으로 가지런히 놓인 상태로 발견되었다고 보고하였다. 출토 양상으로 보아 북분 주곽의 뚜껑돌을 덮

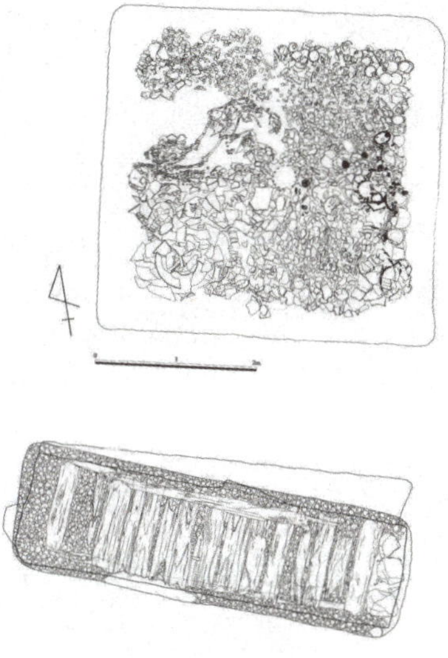

››› 임당2호 북분 주·부곽 모습

››› 임당2호 북분 주곽(아래)과 부곽(위) 전경

››› 임당2호 북분 주곽 출토 은제 허리띠(위 발굴품, 아래 도굴품)

은 후에 그 위에 매장한 것으로 추정하였다. 하지만 최근 정밀 분석 결과 여기에는 최소 개가 4마리, 토끼(과) 2마리가 부장된 것으로 파악하였다.

뚜껑돌 위에 매장된 개 4마리와 토끼 2마리, 그것이 분묘 축조 과정에서 일어난 희생 의례인지, 반려동물을 순장하여 함께 저승으로 데려가려는 의도였는지 정확히 알 수 없다. 하지만 무덤을 지키던 토끼의 발견은 아주 특별한 사건이기에 고고학자의 고민이 깊어진다.

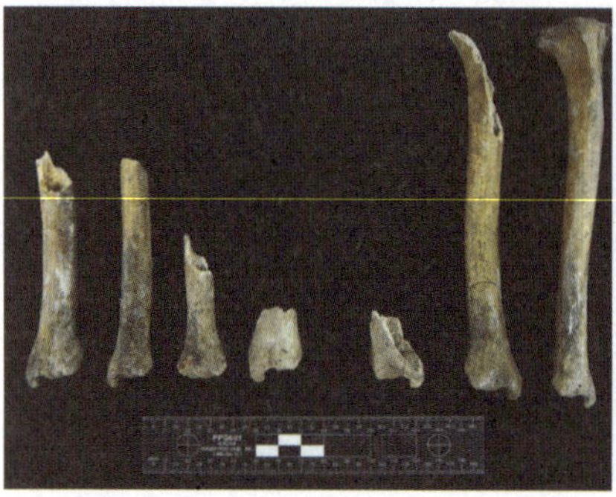

››› 임당2호 북분 주곽 개뼈(경골)

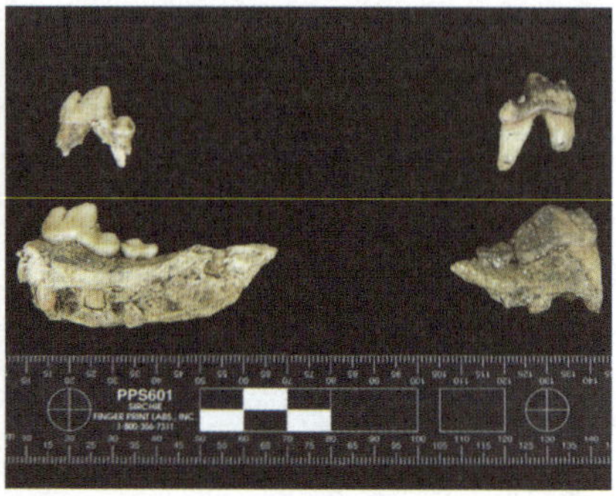


››› 임당2호 북분 주곽 개뼈(하악골)

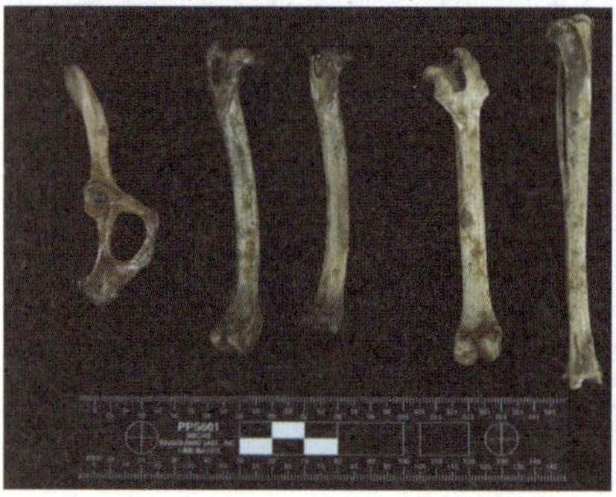


››› 임당2호 북분 주곽 토끼뼈(관골, 대퇴골, 경골)

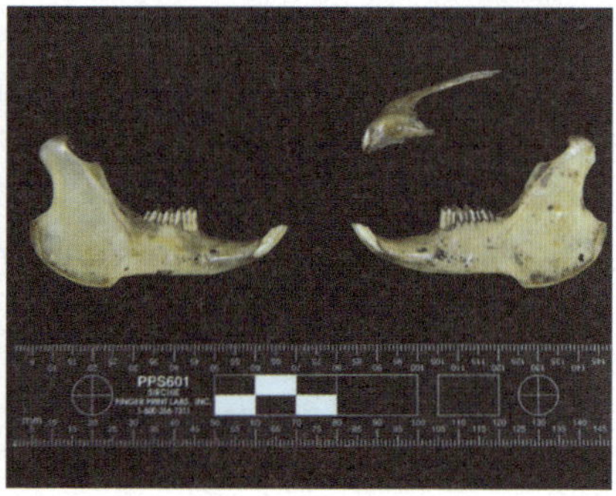


››› 임당2호 북분 주곽 토끼뼈(상 · 하악골)

토끼는 사람들과 아주 친숙한 동물이며 역사적으로도 다양한 상징과 의미를 지니고 있다. 토끼와 관련한 고사성어나 속담 등 여러 언어 표현에서 보듯이 토끼는 우리 일상 속에 깊이 자리하고 있다. 요즘은 반려동물로도 역할을 하고 있다. 이렇듯 토끼는 현대 사람들뿐만 아니라 고대 사람들의 삶 속에도 아주 깊이 자리하고 있었다.

12

# 용, 권력의 최고 경지

용(龍)은 상상의 동물이지만 우리 민족의 생활 속에 깊숙이 자리잡고 있는 동물이다. 용은 물속에 살면서도 하늘로 날아올라 갈 수 있으므로 비를 내리게 하는 비의 신(雨師), 물을 관장하는 수신(水神), 사악한 귀신을 물리치고 복을 가져다주는 벽사의 선신(善神)으로 알려져 있다. 이렇듯 용에게는 인간과 국가를 보호하고 물을 다스리는 능력이 있다고 믿었기에 황제나 왕에 비유되기도 하는데 왕의 얼굴을 용안(龍顔), 왕의 의자를 용상(龍床), 왕의 옷을 용포(龍袍)라고 한다.

우리나라에서는 한나라 때에 만들어진 청동 거울이라든지, 고구려의 고분 벽화, 삼국시대 최상급 분묘에서 출토되는 유물에서 용을 만날 수 있다. 이 장에서는 우리 박물관에 소장된 대표적인 용 관련 유물 몇 점을 소개하고자 한다.

먼저 경산 임당동고분군 7B호에서 출토된 화살통장식에서 여러 마리의 용을 만날 수 있다. 이 유물은 삼국시대(약 5세기 중반) 경산지역 최고 지배자의 으뜸무덤(主槨) 내 주인공의 발아래에서 출토되었다. 이 화살통은 나무와 가죽으로 만든 판 위에 금동장식을 붙인 것으로 아래쪽은 편평하고 위쪽은 세 군데가 솟아있어 마치 가장자리가 더 높은 '山'자의 형태를

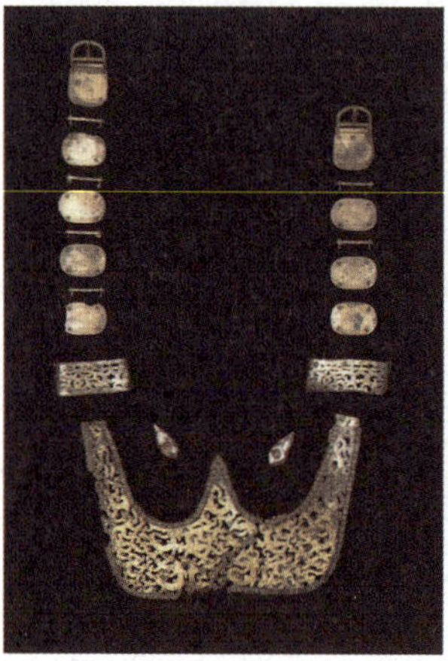

›› 임당7B호 출토 화살통장식

›› 임당7B호 출토 화살통장식 내 용문 세부

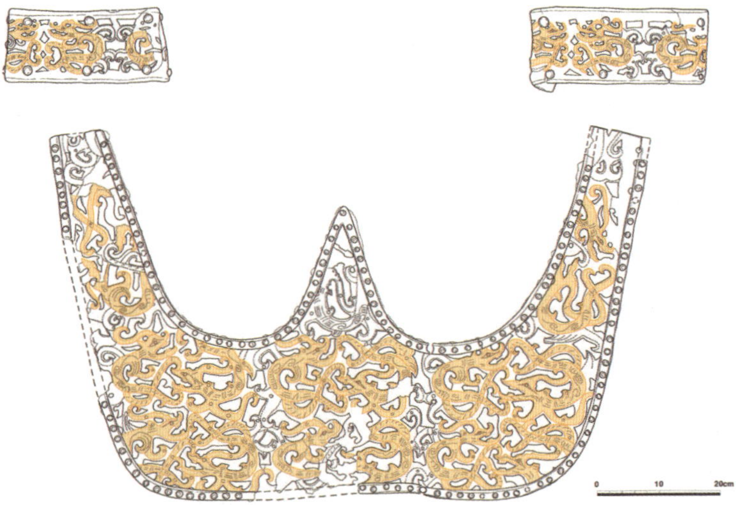


›› 임당7B호 화살통장식 용문 표현

띤다. 이 금동장식에는 예리한 끌로 그림을 그렸는데 가운데 봉우리 아래에 오른쪽으로 아가리를 벌린 용을 볼 수 있다. 용은 머리에서 꼬리까지

'C'자 모양으로 확인되는데 머리 부분에는 큰 눈이 새겨져 있으며 오른쪽 위를 쳐다보고 있다. 입을 크게 벌렸으며 위아래에 이빨이 선명히 드러난다. 몸통은 다양한 기하학적 문양을 그렸으며 몸체와 비늘은 곡선적으로 묘사하였다. 그 아래에는 몸통과 얼굴을 반대쪽으로 한 용이 새겨져 있으며 아래로 가면서 두 마리가 더 서로 교차하며 자리를 잡고 있다.

이렇게 위에서 아래로 총 4마리가 한 세트를 이루는데 오른쪽과 왼쪽에 각각 한 세트씩 더 그려져 있고 양 가장자리에도 어렴풋하게나마 2마리씩 더 있으니 총 16마리를 볼 수 있다. 게다가 이 장식판과 어깨걸이를 연결하는 두 점의 과판에도 두 마리의 용이 얼굴을 마주한 한 쌍과 또 다른 한 마리 등 세 마리씩 더 그려져 있으니 총 22마리의 용이 이 안에 앉아 있는 셈이다.

1600년 전에 제작된 이 화살통장식에 22마리의 용이 곧 살아서 꿈틀거리는 듯 똬리를 틀고 있는 모습을 보라! 이는 당시 최고 권력을 가진 지배자가 자신의 권력과 위세를 용으로 연출하여 자신의 무덤까지 가져간 것이 아니겠는가.

그런가 하면 집을 짓는 기와에도 용이 나타난다. 용문 암막새에는 한 마

››› 용문 기와(암막새)

››› 용문 기와(암막새)

리 또는 두 마리의 용이 그려지는데 용의 머리는 힘있게 쳐들고 몸에는 힘찬 생동감이 돈다. 뒷발은 매우 강하게 내뻗고 있어 그 형상이 더욱 강건해 보인다. 또한 용 주변에는 많은 구름이 배치되어 매우 역동적이고 생동감 있게, 상서로운 기운(瑞氣)을 내뿜으며 하늘로 올라가는 모습을 표현하고 있다.

››› 용문 능화판

››› 용문 능화판 탁본

또 책의 표지를 장식하기 위해 각종 문양을 조각한 목판 즉 능화판에도 용이 등장한다. 이 능화판은 길상을 바라는 만(卍)자문을 굵은 선으로 비스듬히 기울여 조각하고 가운데에 두 개의 선으로 큰 원을 구획하여 그 안에 쌍룡(雙龍)을 조각하였다. 용의 머리부분 중심에는 여의주를 놓고 두 마리의 용이 서로 얼굴을 맞댄 모습을 대칭적으로 그렸다. 그 주변으로는 구름을 장식하여 상서로운 분위기를 연출하여 왕실의 권위를 드러내고자 하였다.

박물관에 간다면 그 속에 전시된 용을 찾아보는 것도 또 하나의 재미가 될 것이다.

# 3장

# 고대 사람들의 식단과 질병

13

# 안정동위원소 분석①, 고대 사람들의 식단을 복원하다

영남대학교박물관에는 경산 임당유적에서 출토된 다수의 고인골과 다양한 종류의 동물뼈가 보관되어 있다. 그 덕분에 여러 차례 고인골에 대한 생물인류학적 조사를 진행할 수 있었고 동물뼈를 관찰하여 그 결과를 소개하고 있다. 하지만 이 고인골을 이용한 식생활과 생업에 관한 연구는 미미한 편이었고 당시 사람들이 섭취한 음식원(food source)에 대해서도 정확히 파악하기 어려웠다. 그러던 중, 최근 경산 조영동고분군에서 출토된 고인골과 동물 뼈를 함께 분석하여 당시의 음식원을 파악하고 그들의 식생활을 복원하고자 시도한 바 있어 소개하고자 한다.

이 연구는 삼국시대의 분묘에서 출토된 고인골과 동물 뼈의 안정동위원소를 분석(자연 상태에 존재하는 가장 기초원소인 탄소, 질소, 산소 등이 갖고 있는 서로 다른 질량의 차이를 이용해 질량비를 측정하여 어떠한 생태계의 변화를 확인하는 분석방법)하여 그들이 섭취한 음식의 종류를 확인하고 성과 연령, 계층별로 드러나는 식생활 차이를 통해 각각의 음식원이 전체 식단에서 차지하는 기여도를 계산하는 연구였다. 이는 고고학 유적에서 출토된 뼈의 과학적 분석을 통해 고대 사람들의 생업활동과 고식단(paleodiet)을 밝혀냄으로써 옛 사람들의 식생활을 복원하기 위함이다.

먼저 뼈를 활용한 과학적 연구의 배경을 간단히 살펴보자. 고고학 유적에서 출토된 뼈의 화학성분은 한 개인이 생전에 섭취했던 음식의 기록을 담고 있다. 게다가 사후에도 그 기록이 오랫동안 변하지 않고 보존되기 때문에 과거의 생활상을 알려 주는 훌륭한 고고학 자료가 된다. 다시 말해 옛 사람의 뼈에서 콜라겐을 추출하고 여기에 들어있는 안정동위원소 값을 분석하여 한 개인의 음식원이 농업경제에 기반을 둔 쌀과 보리 등의 작물에 의존했는지, 육류는 해양자원과 육상자원 중 어느 쪽에 더 의존했는지를 파악할 수 있다. 또한 집단 내에서 성과 연령, 신분에 따라 식재료에 대한 접근도를 함께 밝힐 수 있어 당시 사람들의 삶을 복원하는 데 매우 유용한 방법이라고 할 수 있다.

고고학 유적에서 출토되는 뼈를 이용한 과거 식생활 복원 연구는 미국과 유럽을 중심으로 활발히 진행되고 있는데 주로 탄소와 질소 안정동위원소 분석법이 이용되고 있다. 탄소 안정동위원소는 식물의 광합성 방법의 차이를 이용하여 과거 사람들이 주식으로 먹었던 작물을 밝히는 데 유용하다. 식물은 광합성 방법에 따라 C3계열의 식물(벼, 보리, 밀, 콩 등)과 C4계열의 식물(옥수수, 조, 기장, 수수 등)로 나눌 수 있는데 이 두 식물의 동위원소 값의 차이를 이용하면 당시 사람들이 주로 먹었던 작물을 알아낼 수 있다.

그런가 하면 질소 안정동위원소는 해양성 식료를 먹었는지 아니면 육상 식료를 먹었는지 파악하는 데 이용되고 있다. 또한 먹이사슬 단계의 특성에 따라 채식 위주의 식단인지 육식 위주의 식단인지도 파악할 수 있다. 즉 육류의 소비가 높아질수록 질소 안정동위원소 값이 높아지기 때문에 질소 안정동위원소는 동물성 단백질의 섭취 정도를 잘 보여 준다고 할 수 있다. 이 원리를 이용하여 신석기 농업혁명 이후 야생동물을 가축화하는 과정에서 소나 돼지와 같은 동물성 단백질의 소비가 증가하는지를 밝혀내기도 하였다. 또한 이 연구방법은 선사시대 사람들이 해양성 동물단백질을 섭취하였는지 파악하는 데에도 이용된다. 왜냐하면 해양 생태계는 육상 생태계보다 높은 질소 안정동위원소 값을 유지하고 있기 때문에 사람이나 동물이 해양 식재료를 소비하면 육상 식재료를 소비한 사람보다 높은 질소동위원소 값을 갖기 때문이다.

국내에서도 사람 뼈의 안정동위원소 분석을 통해 옛 사람들의 식생활을 복원하려는 시도가 진행되고 있다. 이러한 연구는 고식단(paleodiet) 자료가 거의 없는 선사시대와 고대의 식생활 및 생업활동을 유추하는 데에도 크게 기여하였다. 원삼국시대 유적의 대표적인 연구 사례로 경남 사천의 늑도유적을 비롯해 부산 동래패총의 인골과 동물 뼈의 안정동위원소 분석을 들 수 있다. 이 분석 결과 두 지역 모두 벼, 보리, 밀, 콩류와 같은 C3계 식물과 사슴이나 멧돼지 같은 육상 야생동물을 섭취하였음을 알 수 있었다. 특히 늑도유적은 해안가에 위치하지만 어패류와 같은 해양자원이 아니라 농경을 기반으로 C3계 식물과 육상 동물자원을 주로 소비하였음을 밝혀냈다. 동래패총의 경우에도 패각을 중심으로 형성된 유적이지만 해양자원이 아니라 오히려 C3계 식물을 기반으로 한 식생활 패턴에 소, 말, 돼지와 같은 가축을 소비했음을 확인하였다. 이러한 결과로 보아 원삼국시대의 생업경제는 곡물을 중심으로 하는 농경사회였으며 이러한 영향력이 해안지역까지 미쳤을 것으로 추측할 수 있다.

삼국시대의 경우에는 김해 예안리고분군, 경산 임당동과 조영동고분군, 순흥 읍내리고분군, 창녕 송현동 15호분 등 신라와 가야유적에서 연구가 진행되고 있다. 그동안 대부분 인골을 대상으로 분석이 이루어졌는데 그 결과 대체로 C3계 식물, 가축과 육상 동물에 의존한 생업경제였음을 알 수 있었다. 결과적으로 원삼국시대와 큰 차이를 보이지는 않았다. 하지만 주목할 것은 사회집단 내에서 성이나 연령, 신분에 따라 동위원소 값에 큰 차이를 보인다는 점이다. 즉 김해 예안리고분군 출토 인골의 경우 남녀 간 식생활 차이가 컸고 경산 조영동고분군의 경우 주피장자와 순장자 간에 큰 차이를 보였다. 따라서 삼국시대는 각 개인의 지위나 성별, 사회적 역할에 따라 음식원(food source)에 대한 접근도가 달랐음을 추론할 수 있다.

이상에서 보듯이 고고학 유적에서 출토되는 인골과 같은 유기물의 안정적인 수습과 보존 그리고 안정동위원소와 같은 다양한 방법의 과학적 연구는 고대 사회를 복원할 수 있는 또 다른 열쇠가 될 수 있다.

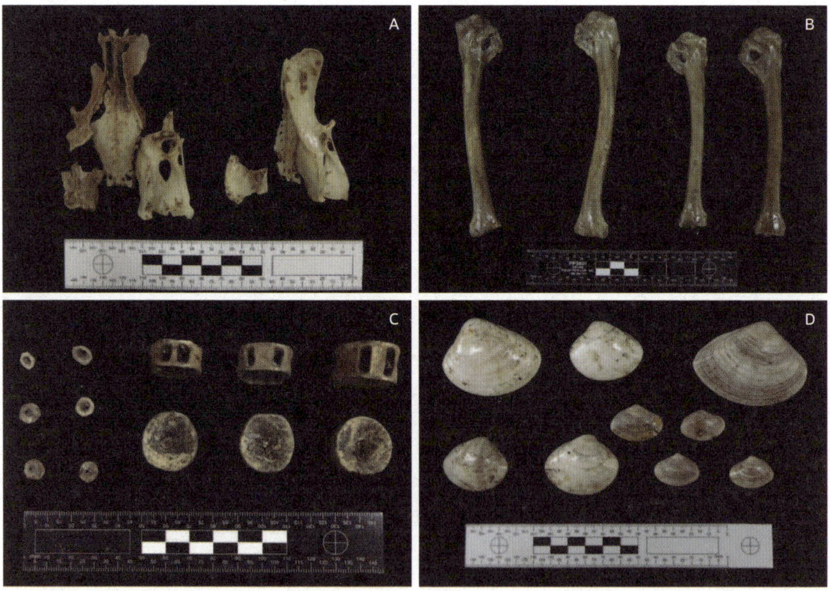


»A : 조영EII-2호 부곽 출토 꿩과 복합선골과 관골
»B : 임당2호 남분 주곽 출토 기러기속 상완골
»C : 임당 2호 북분 부곽 출토 돔발상어류 척추골
»D : 임당 5B-1호 출토 백합과 조개

14

# 안정동위원소 분석②, 농업, 사냥, 어로 그리고 교환과 유통

과학 분석을 통해 원삼국시대와 삼국시대가 주로 농업경제에 기반을 둔 식생활을 하였다는 사실은 밝혀냈지만 각각의 음식원이 전체 식단에서 얼마나 많은 비중을 차지하는지는 파악하기 어렵다. 왜냐하면 이 시기의 인골들이 대부분 분묘에서 출토되기 때문에 식재료가 거의 출토되지 않았기 때문에 각 식료의 식단 기여도를 파악하기 어려운 것이다. 게다가 동물 뼈가 출토되었다 하더라도 인골과 함께 동물 뼈를 분석하지 않아 어떤 동물이 식재료로 이용되었는지 확인하기 어려웠다. 그 결과 현재까지의 연구 대부분은 전체 식단에서 각각의 음식원이 얼마나 많은 비중을 차지하는지 명확히 제시하지 못하고 넓은 의미에서 몇몇 음식원의 상대적 중요성을 추측하는 데 머물러 있다고 할 수 있다.

또한 기존에 보고된 탄소와 질소 안정동위원소 값을 가지고 식단(diet)과 음식원(food source)을 추정하는 데에 많은 어려움이 있었다. 그 주된 이유는 측정된 탄소와 질소 안정동위원소 단일 값이 하나가 아닌 복수의 음식원들을 소비한 결과물이기 때문이다. 즉 단일한 동위원소 값으로 각각의 음식원 하나하나를 명확히 분리해 내기 어렵고 사람이나 동물이 이 음식을 먹었을 때 발생하는 생리적 대사(physiological metabolism)에 따른 동위원소 값의 변화도 함께 고려하지 못하기 때문이다.

이를 보완하기 위해 최근 생태학에서는 안정동위원소 값을 이용한 통계학 모델을 적용하여 소비한 음식원의 기여도를 추적하고 있다. 그리고 고고학에서도 이러한 통계학적 모델을 적용하여 음식원을 추적하고 있다. 이 방법을 통해 당시 사람들이 먹었던 식단에서 각각 음식원의 상대적 비율을 수치적으로 계산하고 그 값을 이용하면 과거 사람들이 섭취한 음식원의 상대적 기여도를 좀 더 정확히 계산할 수 있다.

최근 연구에서 경산 조영동고분군 가운데 조영E지구에서 출토된 인골과 동물 뼈의 탄소 및 질소 안정동위원소 분석을 진행하였다. 총 52개체의 인골과 22개체의 동물 뼈의 시료를 채취하여 콜라겐을 추출하였으며, 이 시료들 가운데 30개체의 인골과 14개체의 동물 뼈만이 콜라겐 오염지수를 통과하였는데 통과된 시료를 가지고 안정동위원소 분석을 실시하였다.

이 분석을 통해 임당유적 사람들은 육상 조류는 물론 해양 어류도 함께 섭취했던 것을 알 수 있었다. 그리고 말과 소의 동위원소 값은 일반 멧돼지나 사슴보다 높아 말과 소가 이미 이 시기 가축으로 사육되었고 조나 기장과 같은 사료를 먹였을 가능성을 시사하였다. 이에 반해 돼지는 말과 소에 비해 상대적으로 낮은 탄소 동위원소와 높은 질소 동위원소 값을 보이는 것으로 보아 사람이 남기거나 버렸던 음식 잔여물을 먹었던 것으로 보인다. 또한 개의 탄소와 질소 동위원소가 사람과 유사하여 개도 가축으로서 돼지처럼 사람의 잔반을 어느 정도 소비하였던 것으로 해석할 수 있다.

인골의 탄소 안정동위원소 값을 분석한 결과 임당유적 사람들은 해양보다는 육상의 동물과 C3계 식물에 더 많이 의존하되 해양 자원이나 C4

계 식물군을 같이 소비했던 것으로 보인다. 또한 인골의 질소 안정동위원소 값을 분석한 결과 육상 동물자원 소비가 높았음을 알 수 있는데 야생조류와 가축을 소비량이 상당하였던 것으로 이해할 수 있다.

주피장자와 순장자 사이의 동위원소 값에 차이가 있는지를 살펴보니 탄소와 질소 동위원소 값 모두에서 주피장자와 순장자 사이에 큰 차이가 났다. 즉 주피장자가 순장자에 비해 더 많은 동물성 단백질을 섭취했고 순장자들은 주피장자들보다 C4계 식물군을 어느 정도 더 먹었던 것으로 보인다.

주곽과 부곽에서 탄소와 질소 동위원소의 평균값을 비교한 결과 주·부곽에 매장된 사람의 식생활에 큰 차이가 없었다. 성별에 따른 안정동위원소 평균값을 분석한 결과도 큰 차이를 보이지 않았다. 다만 연령별 차이를 분석해 보니 20세 이상의 성인들이 소아 청소년보다 동물성 단백질에 대한 접근이 용이하였던 것으로 짐작된다. 전체적으로 임당유적에서 주곽과 부곽, 성별 그리고 연령에 따라 섭취한 음식의 정도 차이는 크지 않았던 것으로 확인되었다.

또한 연구 대상 인골들은 넓고 다양한 음식군을 섭취하였는데, 야생조류군(18-55%), C3계 식물군(14-33%), 육상초식동물군(8-35%), 해양동물군(8-27%), C4계 식물군(5-15%) 순으로 소비하였다. 음식군 간의 상관관계를 분석한 결과 야생조류군의 섭취가 증가하면 할수록 동시에 해양동물군의 섭취도 증가하는 반면 육상초식동물군의 소비는 감소하는 양상을 보였다. 특히 야생조류군의 소비가 적으면 적을수록 육상초식동물군의 소비가 높은 것으로 보아 육상초식동물군이 야생조류군의 대체 음식군이었던 것으로 보인다.

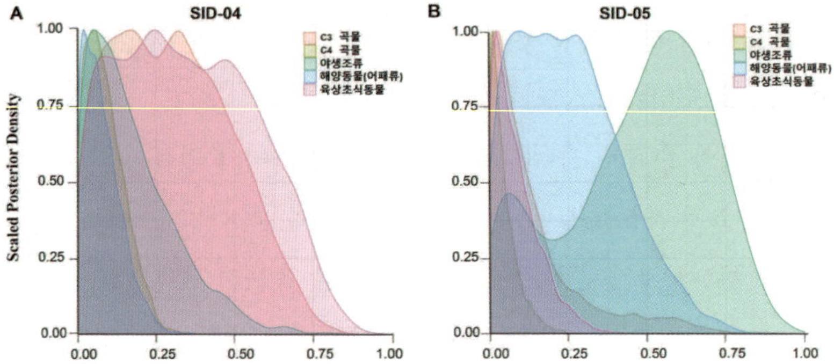


››› 인골 2개체의 식료 차이를 보여주는 그래프(출처 최경철 외 2022)

이 연구에서 흥미로운 점은 같은 고분 내에서 출토된 인골들 사이에서도 5가지 음식원의 기여도가 다르다는 것이다. 예를 들면 조영E I -2호에서 출토된 2개체(SID-4 인골과 SID-5 인골)는 음식 소비에 있어서 현저히 다른 양상을 보였다. SID-4(순장자) 인골은 육상초식동물군(35%)과 C3계 식물군(30%)의 높은 비중을 차지하는 반면 SID-05(주피장자) 인골은 야생조류군(47%)과 해양동물군(25%)의 식단 비중이 높아 두 사람이 섭취한 음식원의 차이가 두드러졌다. 따라서 이는 두 사람이 비록 같은 고분에 함께 매장되었더라도 살아생전에 전혀 다른 식생활을 영위하였다는 사실을 말해 준다.

또한 조영동고분군에서 출토된 인골들은 다양한 식재료를 골고루 섭취하였음을 알 수 있었다. 이 가운데 야생조류군, C3계 식물군, 육상동물군이 주된 식재료이며, 부가적으로 해양동물군과 C4계 식물군을 이용하였다. 따라서 이들의 식단은 해양자원보다 육상자원(84%)에 중점을 두었으며, 단백질 섭취에 있어서도 식물성보다 동물성 단백질에 더 중점을 두었

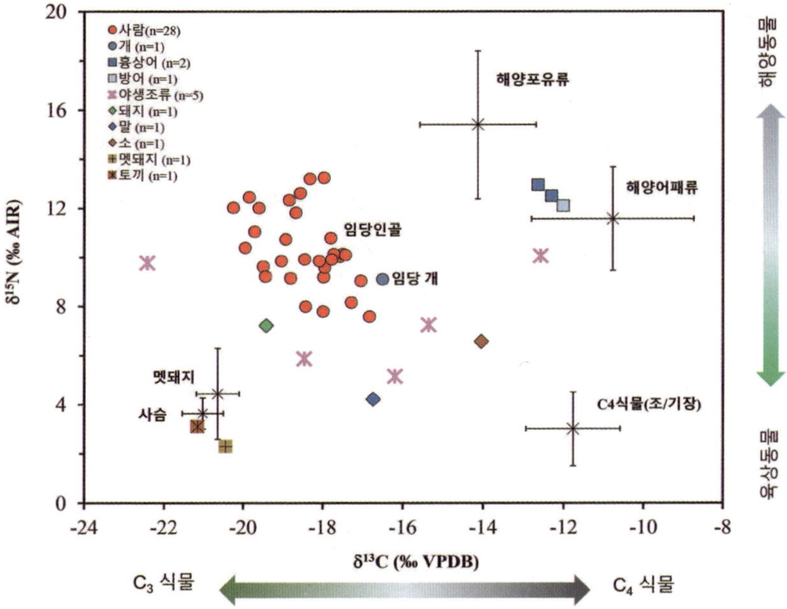


››› 인골(조영동E지구)과 동물뼈의 탄소와 질소 안정동위원소 결과 그래프(출처 최경철 외 2022)

다. 특히 야생조류군, 육상동물군, 해양동물군 3가지 동물성 단백질이 전체 식단에서 매우 높은 비중(69%)을 차지하고 있는데 이러한 양상은 연구대상 인골들이 동물성 단백질을 중심으로 영양학적으로 질 높은 식생활을 영위했다는 것을 의미한다. 그리고 이런 높은 동물성 단백질의 수요를 충족하기 위해 꿩, 기러기 같은 야생조류군을 집중적으로 사냥하였으며 부족한 동물성 자원을 충당하기 위해 해양동물군(16%)을 추가로 소비하였음을 알 수 있다.

따라서 조영동고분군 출토 인골의 식단에서 동물성 단백질의 수요를 충당하는 일은 매우 중요한 일이었으며, 이런 수요를 충족시키기 위해 육상 단백질(야생조류군과 육상동물군)과 해양 단백질(해양동물군)의 자원을 모두 골고루 활용했을 것으로 보인다. 이러한 음식 소비 패턴으로 보아 당시 영남지역이 농업에 기반을 둔 사회였음에도 불구하고 야생조류의 사냥행위와 어패류의 획득과 같은 어로 활동이 매우 중요했다. 또한 다양한 종류의 음식원들을 중앙과 내륙에 조달할 수 있는 체계적인 물자 유통시스템을 가지고 있었을 것으로 추측할 수 있다.

## 15

# 안정동위원소 분석③, 사회 계층에 따라 식단이 달랐다

경산 조영동고분군에서는 다양한 종류의 육상과 해양의 동물 뼈가 출토되었다. 동물고고학적 분석에 따르면 부장동물 가운데 조류 양이 압도적으로 많았다. 조류 중에는 꿩의 출토량이 가장 많았으며, 이들은 발이 제거되거나 머리나 장골 이하의 부위가 제거된 채로 주곽과 부곽에 있던 토기 내부에서 발견되었다. 또 조류와 함께 많은 양의 어패류도 발견되었다. 조류는 주로 단경호, 장경호, 대호와 같은 대형 토기에 부장되었고 어류는 작은 호류나 고배에 부장되었다. 하지만 지금까지 이렇게 출토된 조류와 어류가 당시 평소에도 먹던 음식인지 아니면 단순히 장례만을 위한

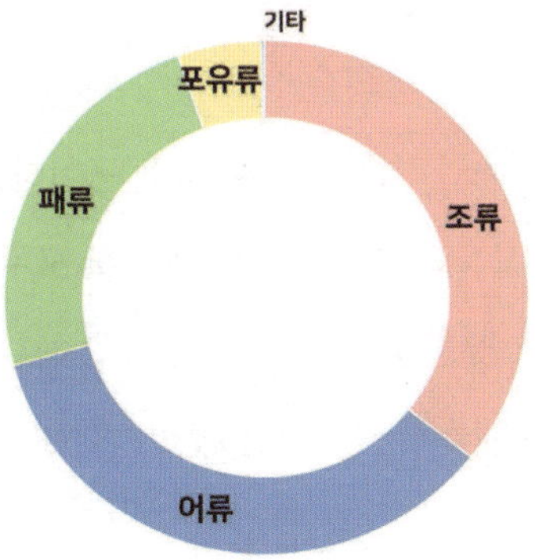


- 조류 8,745점(35.7%)
- 어류 8,598점(35.1%)
- 패류 5,832점(23.8%)
- 포유류 1,279점(5.2%)
- 기타 43점(0.2%)

**총합: 24,497점**

›› 경산 임당동과 조영동고분군 출토 동물유존체 수량(출처 고은별 2023)

의례용 공물인지 명확하지 않았다.

그러나 최근 연구 결과 조영동고분군에서 출토된 인골들은 야생조류군(33%) > C3계 식물군(24%) > 육상초식동물군(20%) > 해양동물군(16%) > C4계 식물군(7%) 순으로 섭취하였음을 확인할 수 있었다. 특히 다른 어떤 음식원들보다 야생조류군의 소비(33%)가 월등히 높았으며 해양동물군의 소비(16%)도 상당히 높았음을 확인할 수 있었다. 따라서 지금까지 분묘의 토기에서 발견된 조류와 어패류들은 단순히 매장을 위한 의례용 공물일 뿐만 아니라 실제 평소에 임당유적 사람들이 즐겨 먹던 식재료였다는 것을 확인할 수 있었다.

지금까지 한반도에서 출토되는 원삼국시대와 삼국시대 과일은 주로 밤, 복숭아, 살구 등이, 곡류로는 벼, 잡곡(조, 기장), 맥류(보리, 밀), 두류(콩, 팥) 등이 확인되었다. 그리고 이번 경산 조영동고분군에도 종류는 많지 않지만 곡물이나 과일의 씨앗이 일부 출토되었는데 곡물은 벼, 조, 피, 들깨가, 과일은 복숭아, 고욤, 살구가 확인되었다.

이렇듯 임당유적 고분군에서 출토된 식물 유존체는 기존의 원삼국시대와 삼국시대의 식물 유존체의 종류와 큰 차이를 보이지 않았다. 그리고 조영동고분군에서 나온 식물 유존체를 안정동위원소별로 구분해 보면 벼와 복숭아, 고욤, 살구는 C3계 식물군, 조와 피는 C4계 식물군이다. 따라서 임당유적에 살았던 사람들은 C3계 식물군과 C4계 식물군을 모두 이용하였다는 사실을 알 수 있다. 하지만 소량만이 출토된 식물 유존체를 이용하여 당시에 얼마나 많은 양의 곡물과 과실을 섭취하였는지 파악하기 어려운 실정이다.

최근 연구를 통해서 전체 식단에서 곡물과 과일의 비중을 계산할 수 있

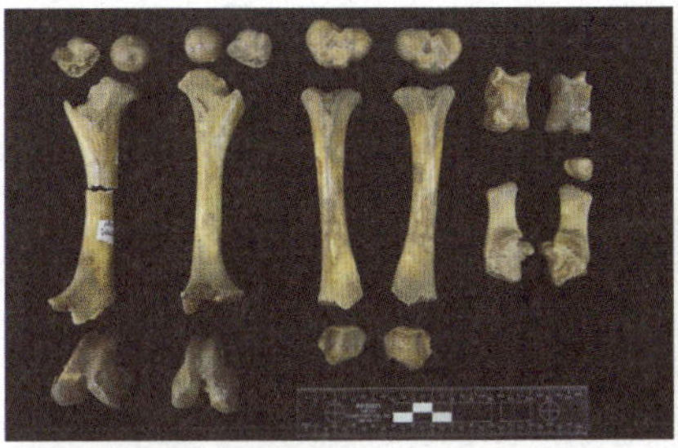

» 임당5B2호 주곽 출토 돼지뼈

» 임당5B1호 부곽 출토 백합

» 임당1A호 부곽 출토 숭어뼈

» 임당1A호 부곽 출토 복숭아 핵

» 임당유적 출토 밀

었는데 당시 사람들은 전체 식단에서 식물자원의 소비가 상당(31%)했다. 비록 분묘에서 C3계와 C4계 식물군이 모두 출토되었지만, 전체 식단에서 C3계 식물군(24%)이 C4계 식물군(7%)보다 높은 비중을 차지하였음을 확인할 수 있었다. 이렇게 본다면 임당유적 사람들은 조, 기장, 피와 같은 C4계 식물군보다 벼, 밀, 보리, 콩, 팥과 같은 C3계 식물군에 더 의존했다고 볼 수 있다. 즉 임당유적 사람들은 식물자원으로 C3계 식물군을 주로 먹었으며 작물로는 벼, 밀, 보리, 콩, 팥과 과일류로는 복숭아, 고욤, 살구 등을 주로 먹었던 것으로 보인다.

이상으로 경산 조영동고분군 인골을 이용한 식단 복원을 통해 성별, 연령, 묘제보다는 개인의 신분에 따라 식단에 더 큰 차이를 보이는 것을 확인할 수 있었다. 이러한 신분상의 차이는 고고학적 증거들에서도 유추할 수 있다. 예를 들면 주피장자를 위한 대형 고분 축조를 위한 대규모 노동력의 동원 능력과 다양한 종류의 부장품들로 보아 고분의 주인이 매우 높은 신분의 사람이었음을 추측할 수 있다. 그리고 무덤의 주인과 함께 매장하는 순장 습속이 있었던 것으로 보아 고대 경산사회는 주피장자와 순장자 간에 신분의 구분이 있었음을 추측할 수 있다.

이와 같은 고고학적 견해들은 이번 고식단 분석의 결과와도 일치하였다. 즉 높은 신분의 주피장자는 야생조류군(44%)과 해양동물군(19%)을 많이 섭취한 반면 낮은 신분의 순장자는 야생조류군(28%)과 C3계 식물군(26%) 그리고 육상초식동물군(24%)을 주로 섭취하였다. 따라서 주피장자는 꿩, 기러기와 같은 야생조류와 상어, 방어, 복어와 같은 해양성 어류를 주로 먹었던 것에 반해, 순장자는 C3·C4계 식물군과 멧돼지나 토끼와 같은 육상초식동물을 주로 먹었다.

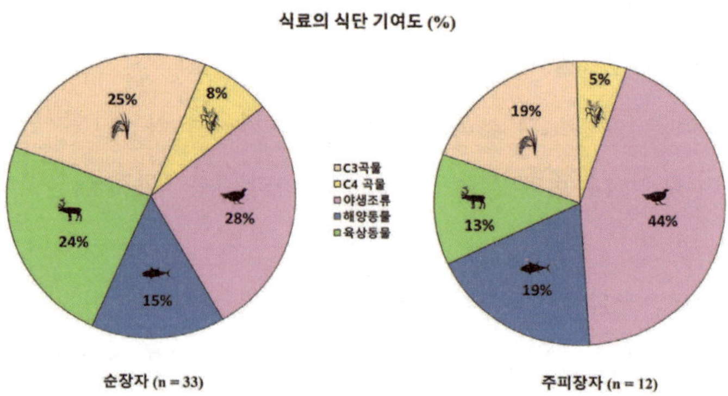


»» 음식원의 전체 식단에 대한 기여도(출처 최경철 외 2022)

특히 높은 지위의 주피장자들은 순장자들에 비해 해양동물군(어패류)을 더 많이 소비하였는데, 해안에서 멀리 떨어진 내륙으로 어패류를 조달하는 추가 비용을 지불하면서까지 해양동물군을 소비한 것으로 보아 어패류는 임당 사회에서 주피장자의 특권을 보여 주는 상징적 음식물이었던 것으로 보인다. 하지만 어패류에 접근이 쉽지 않았던 낮은 신분의 순장자 집단은 이를 대신해서 C3계와 C4계 식물군을 더 먹었던 것으로 보인다. 따라서 조영동고분군의 주피장자와 순장자는 그들이 먹었던 음식에 많은 차이가 있었다는 것을 알 수 있다.

일반적으로 엄격한 신분제 사회로 여겨지는 조선시대의 경우 출토 인골의 식단 분석 결과 식료의 접근도에 있어서 신분상의 커다란 차이를 보이지 않았다. 이는 조선사회가 신분 간에 사회적 지위에 차이가 있을지라도 식단의 구성에서 소비했던 음식원이 상당히 균일했다는 의미다. 하지만 이번 조영동고분군 출토 인골의 분석 결과에서 보이는 개인 간의 커다란 식단의 차이는 그들의 사회적 지위가 명확히 구분되었고 그 기준에 따라 먹을 수 있었던 음식의 종류마저도 엄격히 구분하는 사회였다는 것을 의미한다고 하겠다.

16

# 사람 뼈에 남아 있는 옛 사람들의 질병

사람들은 살면서 가벼운 찰과상부터 감기나 골절, 심지어 생명을 위협하는 무서운 질병에 걸리기도 한다. 이 중 일부 질환은 뼈에 흔적을 남기는데 이러한 인골에 남겨진 질환을 분석하여 고대 사회의 일면을 복원하는 사례가 증가하고 있다. 필자도 최근 이 분야 전문가들의 도움을 받아 임당동과 조영동고분군에서 출토된 인골에 남아 있는 질병을 찾아 정리하고 있다.

영남대학교박물관에 보관되어 있는 임당유적 출토 인골 259개체 중 병리적 특징이 나타나는 개체는 총 144개체이며 남성(적)에서 54개체, 여성(적)에서 40개체에서 질병의 흔적이 발견되었다. 이에 임당유적에서 출토된 사람 뼈를 통해 알 수 있는 옛 사람들의 질병을 소개하고자 한다.

임당 인골에서 파악할 수 있는 건강상의 지표는 질병의 발생 원인, 뼈대에 남는 질병의 양상, 그리고 질병이 급성인지, 만성인지 등의 다양한 기준에 의해 분류된다. 발달상의 스트레스 지표에는 안와천공(*cribra orbitalia*), 다공성 과골화증(*porotic hyperostosis*), 에나멜 형성부전증(*enamel hypoplasia*)이 포함된다. 성인기에 나타나는 스트레스 지표는 주로 일상적인 육체적 행위에 의한 역학적 스트레스 반영 지표들로, 퇴행성 관절 질

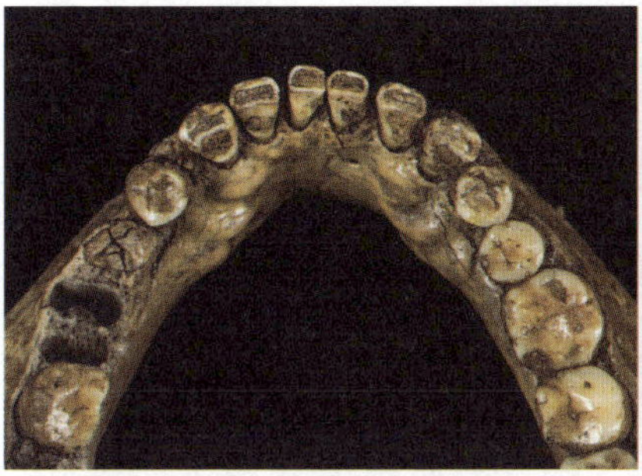

»과골화증

»퇴행성 관절 질환

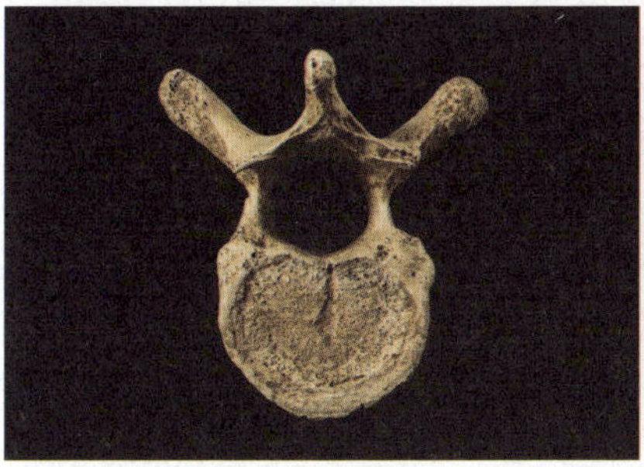

»쉬모를 결절

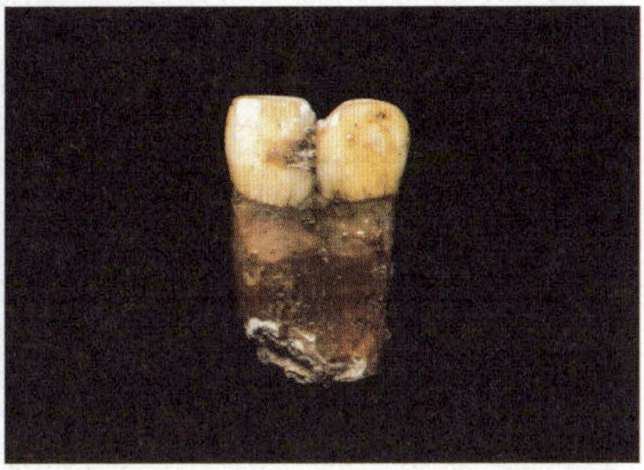

»치아 기형

환(*degenerative joint disease*), 근부착부위 뼈대 변형(*enthesopathies*), 척추에서 나타나는 쉬모를 결절(*Schmorl's nodes*)이 대표적이다. 치아와 상·하악골에서 나타나는 병리적 지표로는 충치, 생전 치아 결실, 치주염, 농양, 과골화증, 마모 패턴이 분석되었다.

조금 더 구체적인 사례를 살펴보자. 눈이 들어가는 공간의 뼈인 눈확의 위벽에 여러 개의 작은 구멍이 생기는 증상(안와천공, *cribra orbitalia*)이 확인된다. 이는 철 성분이 부족하거나 철 성분의 흡수에 방해가 되는 식이 상태, 비타민C와 B12 결핍과 관련된 뼈막아래 출혈, 기생충과 같은 미생물 감염, 전염성 질환, 유전적 요인에 의해서 나타난다고 알려져 있다. 이 증상은 옛 사람 뼈 집단 내 유아와 어린이, 청소년에게서 주로 확인되는데 임당유적 출토 인골에서는 7명의 머리뼈에 이 증상이 남아 있었다.

임당6A호 출토 5번 인골은 무덤의 주인공과 함께 순장된 어린아이이다. 앞니를 포함한 일부 치아는 영구치로 이갈이를 하였으며 유치도 일부 남아 있었다. 그 외 뼈에 남아 있는 여러 성장 정보를 종합해 볼 때 6~12세 정도로 추정되었다. 나이가 어려 2차 성징이 발현하기 전이므로 육안으로 성별을 추정하기는 어려웠다. 이 어린아이의 머리뼈 중 눈확 위벽에 여러 개의 작은 구멍이 선명하게 확인되었으며 관자골(측두골)과 입천장뼈(구개골)에서도 작은 구멍이 여러 개 확인되었다. 그리고 이 아이의 머리뼈가 비교적 잘 남아 있어 지난 2022년에 법의학적 얼굴복원을 시도하였다.

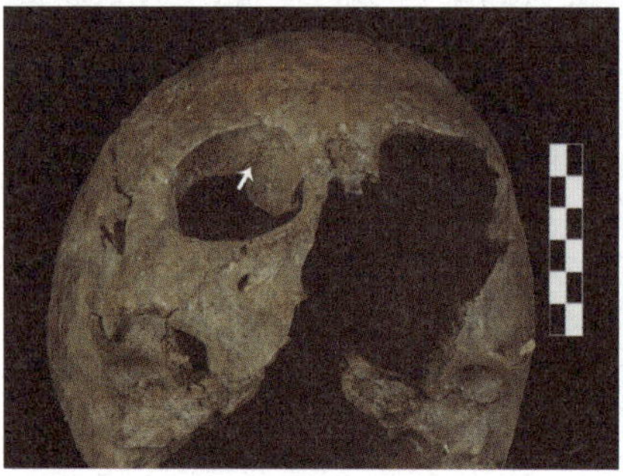

» 임당6A호 출토(5번) 인골(순장자), 6~12세, 성별 추정 불가, 머리뼈

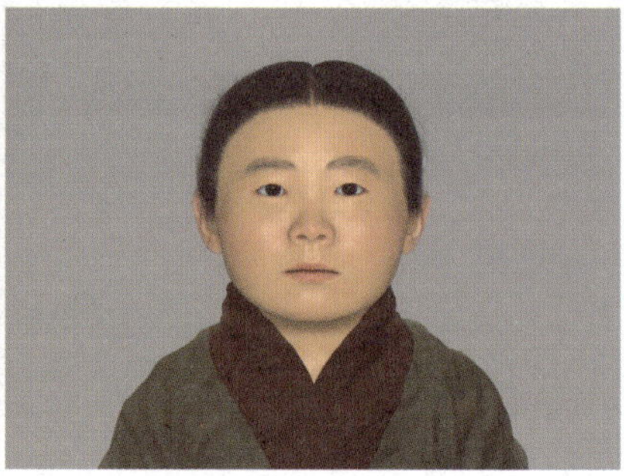

» 임당6A호 출토(5번) 어린아이 순장자의 법의학적 얼굴복원

머리뼈에는 작은 구멍이 생기기도 하고 울퉁불퉁한 표면이 남아 있기도 하였다. 이를 다공성 과골화증(*porotic hyperostosis*)이라고 한다. 이 증상은 골수가 비대해져 머리뼈 판사이층이 두꺼워지면서 머리덮개뼈의 바깥판이 얇아지고 작은 구멍이 생기는 병변이다. 눈확위벽의 구멍과 함께 옛 사람 뼈 집단에서 가장 흔하게 확인되는 병변 중 하나며, 원인은 철 성분

이 부족한 식단과 기생충 감염 등 빈혈을 일으키는 현상과 밀접하게 관련되어 있다. 임당유적 출토 인골에서는 37명의 뼈대에 이 증상이 남아 있었다.

조영1A-11호 출토 인골은 36~50세 정도로 다소 나이가 많은 편이며 이 무덤의 주피장자다. 남아 있는 뼈의 상태로 보아 여성적인 요소가 강하며 입천장뼈에 다공성 과골화증이 선명하게 확인된다. 이 외에도 머리뼈에도 다공성 과골화증이 확인되며 오른쪽 두정골(마루뼈)에는 생전에 함몰된 흔적이 확인되기도 하였다.

»» 조영1A-11호 전경

»» 조영1A-11호 출토 머리뼈의 함몰 흔적

뼈 표면에 생긴 염증인 골막염(periostitis)은 항생제가 발명되기 이전 사회의 집단에서 가장 흔하게 볼 수 있는 병변 중 하나다. 이 증상은 특정 전염병에 의해 나타나기도 하지만 이외에 원인을 알 수 없는 경우도 있어, 이 경우는 비특이성(non-specific) 스트레스에 의한 결과로 해석한다. 사실상 옛 사람 뼈 집단에서 확인되는 대부분의 골막염은 후자에 속한다. 하지만 과거사회에 만연했던 결핵이나 매독, 나병에 의해서도 골막염이 발생하므로 골막염이 어느 부위에 어떻게 나타나는지를 통해 증상의 원인을 찾아나간다.

조영1A-15호의 주피장자의 오른쪽 경골(정강뼈)에서 골막염 증세가 확인된다. 이 주피장자의 나이는 21~35세 정도며 남아 있는 뼈를 통해 볼 때 남성적인 요소가 강하다. 이 사람의 머리뼈에는 다공성 과골화증이 확인되었으며 전두골과 왼쪽 두정골에는 골종의 흔적이 남아 있었다. 오른쪽 대퇴골은 생전에 골절되었다가 치유된 흔적이 확인되었다. 치아에는 생전 치아 결실과 충치, 치관이 탈락한 곳도 보인다. 또 조영1A-15호의 주피장자 인골에서는 골종의 흔적이 확인된다. 골종(osteoma)은 양성 종양가운데 사람 뼈에서 가장 흔히 보고되는 뼈 종양으로 발생 원인은 명확히 밝혀지지 않았다.

››› 조영1A-15호 전경

››› 조영1A-15호 출토 머리뼈의 골종 흔적

뿐만 아니라 고의적 폭력에 의한 결과일 수 있는 함몰골절(depressed fracture)이 머리뼈에서 확인되기도 하며, 골다공증이나 낙상사고로 인한 충격으로 자주 발생하는 압박골절이 척추몸통을 쐐기모양으로 찌부러지게 만든 경우도 있다.

이러한 고고학적 성과가 대중적인 관심을 받기에는 부족하지만 형질(생물)인류학적 연구와 고고학적 발굴성과를 잘 접목하여 옛 사람들의 삶을 복원할 수 있는 좋은 기회가 될 것으로 기대된다.

17

# 사람 뼈에 나타난 노화와 사고의 흔적

옛 사람들의 뼈에는 일상적인 행위 수준과 노동 강도를 짐작할 수 있는 병리 지표들도 확인된다. 특정 부위의 관절이나 근육을 많이 사용하여 나타나는 병변은 성인의 뼈대에서 주로 나타나는데 관절면의 퇴행성 변화, 근육과 인대가 붙는 뼈대 부위의 변형, 척추 관절면에 나타나는 쉬모를 결절 등이 대표적이다.

사람 뼈의 퇴행성 관절 질환은 관절면에 염증이 발생하거나 뼈와 뼈가 직접 접촉하면서 나타나는 병변으로 진단된다. 구체적으로 관절면에 작은 구멍이 생기거나 관절 주변부가 확장되고 심할 경우 관절이 움직이는 방향에 따라 생긴 선이나 고랑, 표면의 광택(상아질화)으로 옛 사람들이 앓았던 관절염을 알아낼 수 있다.

5세기 중반에 축조된 조영CⅡ-1호묘의 주피장자는 뼈를 통해 볼 때 남성적 요소가 강하며 나이는 36~50세 정도로 비교적 많은 것으로 추정되었다. 이 사람의 대퇴골의 하단부에는 퇴행성 관절염을 앓았던 흔적이 확인되며 하악골에는 생전에 치아가 모두 결실되어 있어 여러 곳에서 퇴행성 질환이 있었을 것으로 추정된다.

근부착부위 뼈대 변형은 힘줄과 인대, 관절주머니가 뼈와 만나는 부위

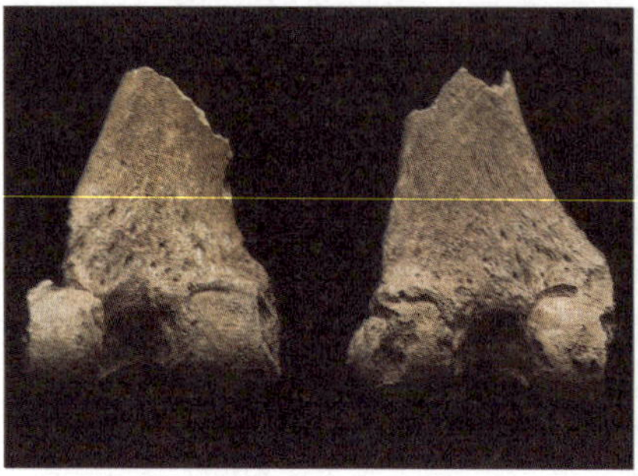

»조영CⅡ-1호 주피장자(36~50세 남성적)의
대퇴골 퇴행성 관절 질환

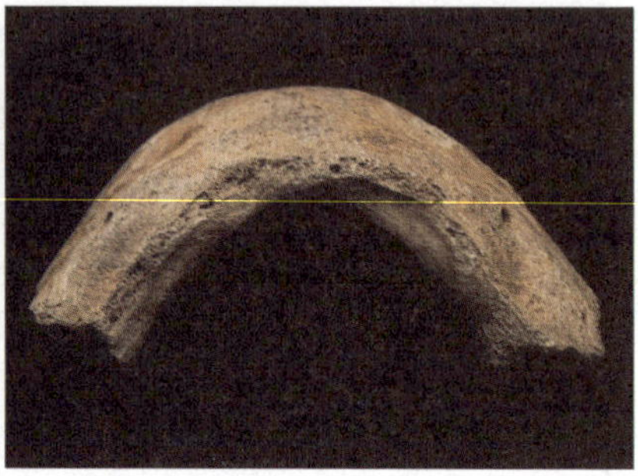

»조영CⅡ-1호 주피장자(36~50세 남성적)의
하악골 생전 치아 결실

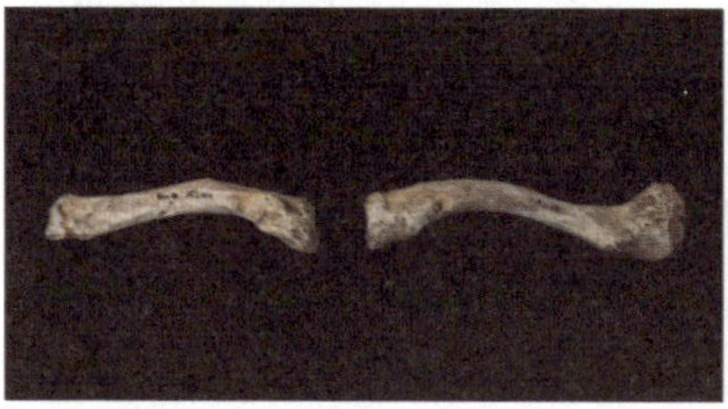

»조영1A-7호 주피장자(36~50세 남성)의
쇄골 근부착부위 뼈대 변형

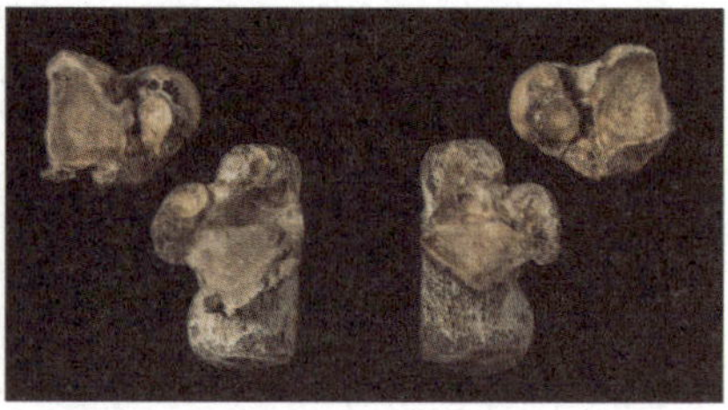

»조영1A-7호 주피장자(36~50세 남성)의
종족골 퇴행성 관절 질환

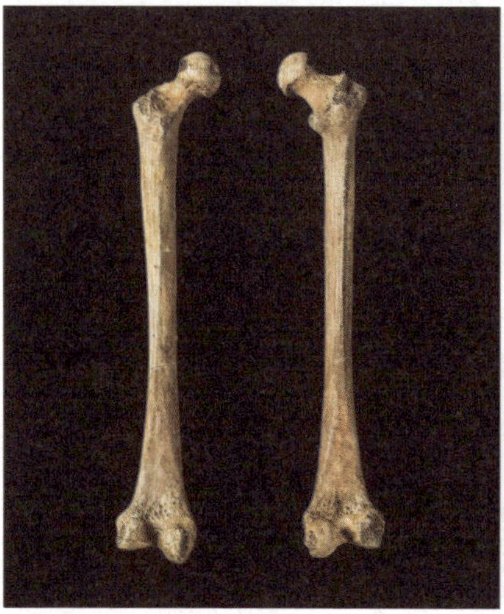

»조영EⅡ-6호 인골(21~35세 여성적)의
대퇴골 하단 근부착부위 뼈대 변형

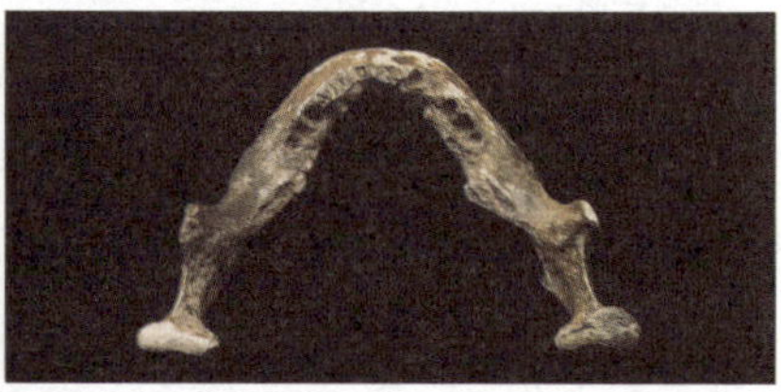

»임당2호 북분 주곽 인골(36~50세 남성)의
하악골 퇴행성 관절 질환

»임당5D2호 인골(36~50세 남성적)의
척추골 퇴행성 관절 질환(허리앞굽음증)

에서 발생하는데 반복적인 동작으로 해당 부위를 과도하게 사용하거나 외상, 염증, 유전적 요인으로 발생한다. 조영1A-7호의 주피장자(36~50세 남성)의 쇄골과 조영EⅡ-6호의 인골(21~35세 여성적)의 대퇴골 하단에서 이 현상이 잘 관찰된다. 또한 조영1A-7호 주피장자(36~50세 남성)의 종족골과 임당2호 북분의 주곽 인골(36~50세 남성)의 하악골에서도 퇴행성 관절 질환이 잘 확인된다. 특히 임당5D2호 인골(36~50세 남성적)의 척추골에서도 퇴행성 관절 질환이 확인되는데 이 인골의 경우 흉추 12번과 요추 1번이 생전에 붙어 있어 등뼈앞굽음증으로 심한 허리 통증에 시달렸음을 짐작할 수 있다.

쉬모를 결절은 척추의 디스크(척추 사이 원반) 내용물이 척추몸통의 연골 종말판 아래의 뼈로 파열되어 나타나는 현상이다. 이 증상은 나이가 들면서 나타나기도 하고 척추후만증이나 외상, 대사성 질환과도 관련되어 있으나 옛 사람 뼈에서는 주로 척추에 가해지는 역학적 스트레스에 의한 결과로 해석된다. 이 증상은 조영EⅡ-7호의 주피장자(21~40세 남성)에게서 잘 확인되는데 이 사람은 이 외에도 머리뼈의 다공성 과골화증, 치관 탈락 등 다양한 질병을 앓았던 것으로 보인다.

골절은 외부의 힘에 의해 뼈가 부러지는 것을 의미한다. 힘의 정도에 따라 뼈에 다양한 종류(횡형, 사선형, 나선형 등)의 골절선이 나타날 수 있다. 골절이 된 후에 제대로 고정이 되지 않거나 충분한 혈액 공급 등이 없다면 원래 모습과는 다르게 치유될 수도 있다.

임당유적 출토 인골 중에서도 골절이 발생한 후에 치유된 흔적이 확인되기도 한다. 대표적인 것이 임당2호 북분 순장자의 인골이다. 임당2호 북분은 평면 명(明)자형의 주부곽식 암광목곽묘로 주곽에 주피장자 외에 3명

이상의 순장자가, 부곽에도 2명의 순장자가 매장되었다. 이 중 부곽의 북서편에 머리를 북동으로 누워 있는 인골은 부곽의 함몰 시 충격으로 인하여 많이 흐트러져 있었으며 인골은 머리에서 가슴, 그리고 두 다리 쪽으로 S자 모양으로 휘어져 있었다. 이 순장자는 최소 30대 이상의 성인으로 남성(적)이며 오른쪽 요골에서 골절 후 치유되었던 흔적이 확인되었다. 이러한 고고학적 정황을 통해 볼 때, 이 남성은 생전에 주인을 모시던 순장자로 전쟁이나 어떠한 사고로 인해 팔이 부러졌으나 잘 회복되었던 삶의 이야기가 이 뼛속에 고스란히 남아 있었다.

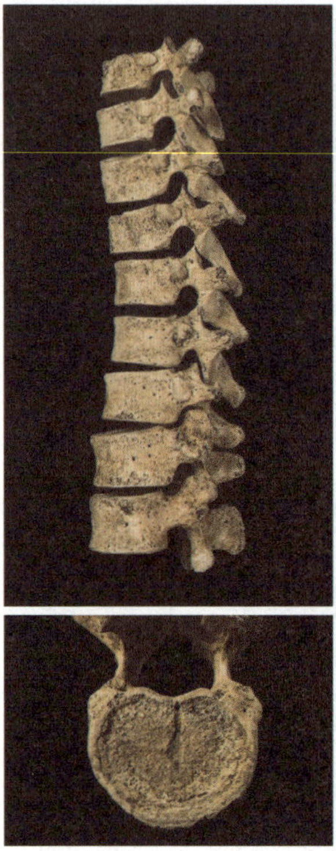

»» 조영E II -7호 주피장자(21~40세 남성)의 쉬모를 결절

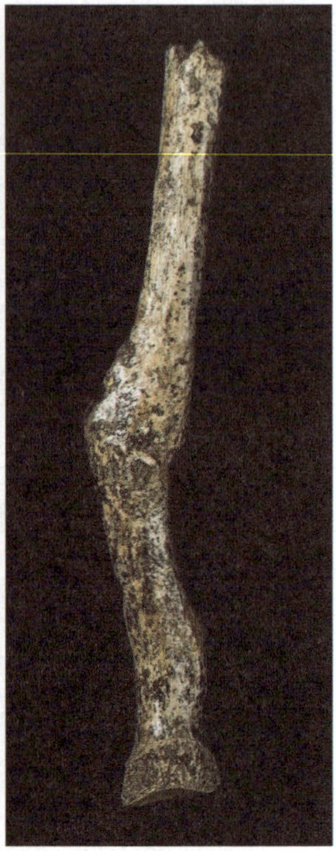

»» 임당2호 북분 순장자 (최소 30대 이상 성인)의 오른쪽 요골 골절 후 치유된 모습

임당5D2호의 인골(36~50세 남성적) 중에는 늑골이 부러졌다가 생전에 회복된 사례가 확인되기도 하며 조영1A-15호 주피장자(21~35세 남성적)의 경우에는 대퇴골이 골절되기도 했다. 심지어 조영1A-7호의 주피장자(36~50

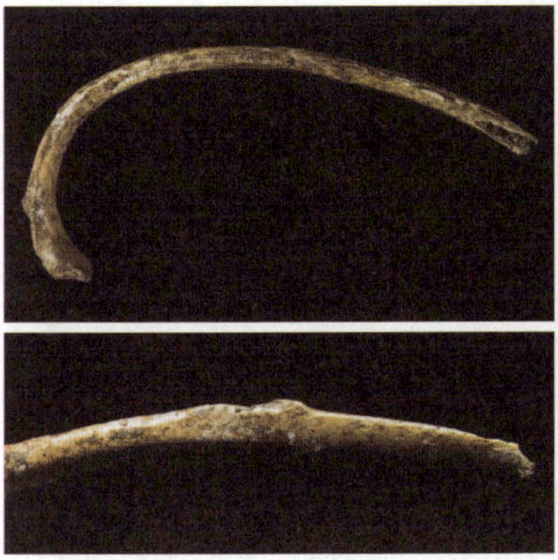

» 임당5D2호 인골(36~50세, 남성적)의 늑골 골절 후 치유된 모습

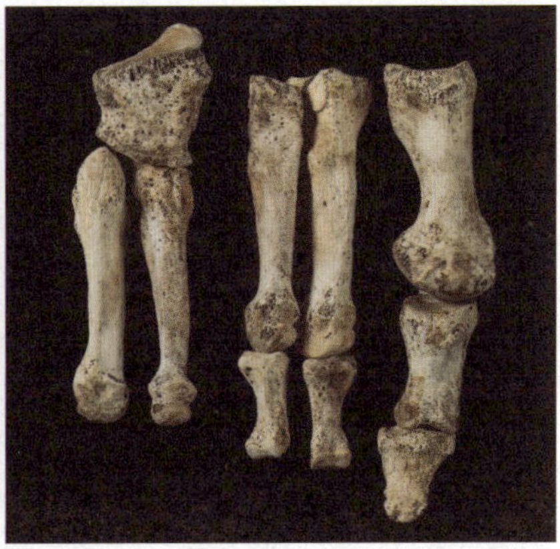

» 조영1A-7호 주피장자(36~50세 남성)의 족골 골절 후 치유된 모습

세 남성)는 족골 중 일부가 골절되었다가 회복되기도 했다.

이상을 통해 볼 때 옛 사람들은 일상적인 행위에서 상당한 강도의 노동에 시달렸으며 반복적으로 특정 근육을 사용함으로써 관절염이나 뼈대 변형 등 퇴행성 질환으로 육체적 고통이 심했을 것으로 짐작된다. 특히 현대인들도 많이 겪고 있는 무릎이나 허리 통증 등 관절 질환의 흔적이 뚜렷이 관찰된다. 또한 팔과 다리, 심지어 발가락과 늑골에 이르기까지 다양한 부위에 골절이 있었으며 살면서 회복되는 과정도 상상할 수 있게 되었다.

18

# 옛 사람들의 치아 건강과 질병

옛 사람들의 치아는 당시 사람들의 구강 상태를 평가하고 이를 통해 음식물의 섭취 양상과 식이 습관을 복원하는 데에 중요한 정보를 제공한다. 지금까지 치아의 병리적 지표들을 통해 개체의 성과 연령, 지위에 따른 유병률의 차이나 식료 섭취, 식이 습관의 변화에 대한 공시적·통시적 관점에서 연구가 이루어져 왔다. 임당유적에서 출토된 인골에서는 충치와 생전 치아 결실, 농양 등의 치아 병리 지표를 통해 당시 사람들의 치아 건강 수준을 파악할 수 있다. 구체적인 사례를 중심으로 살펴보자.

치아를 자세히 관찰해 보면 치아 표면에 가로줄이 생겨 있는 것을 확인할 수 있다. 이 가로줄은 치아가 자라는 동안 질병이나 영양 상태가 좋지 않아 생리적 스트레스가 발생할 때 에나멜 분비가 중단되어 치아머리의 표면에 생기는 에나멜상의 결함인데 이를 에나멜 형성부전증(*enamel hypoplasia*)이라고 한다. 이는 옛 사람 뼈에서 흔히 확인되는 병변 중 하나이며, 치아의 특성상 한번 생기면 영원히 없어지지 않아 옛 집단의 성장기 스트레스를 연구할 때 자주 이용된다. 임당유적 출토 인골에서는 58명의 치아에 이 가로줄이 남아 있었다.

기원후 5세기말 즈음에 축조된 조영EⅡ-2호묘의 순장자 치아를 살펴

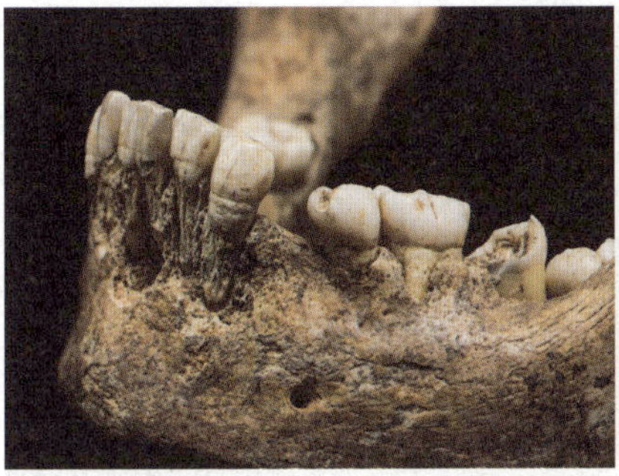

››› 에나멜 형성부전증

››› 조영EⅡ-2호 순장자 치아 - 선형 에나멜 형성부전증

보면 하악골 우측의 제3대구치가 맹출되지 않았으며 하악골 좌측의 제3대구치는 맹출 중이었다. 대퇴골과 경골의 성장이 완료되지 않아 골단과 골간 사이의 골단판이 완전히 붙지 않았으며 천골의 성장이 완료되지 않아 골체가 분리되어 있었다. 따라서 이 순장자의 나이는 15~18세 정도로 추정 가능하며 개체의 성장이 완료되지 않아 성별은 추정하기 어려웠다. 이 순장자의 치아에서도 선형의 에나멜 형성부전증 뿐만 아니라 생전 치아 결실(좌측 제1소구치)과 충치도 확인되었다.

사람들의 가장 흔한 치아질환이 충치(caries)인데 충치는 치아 우식증이라고도 부르며 선사시대 이전부터 발견되는 가장 오래된 질병 중 하나다. 입 안에 서식하는 세균에 의해 설탕, 전분 등이 분해되면서 생기는 산(acid)에 의해 치아의 표면을 덮고 있는 에나멜이 손상되어 생기는 질병이다. 충치의 유병률은 근대 사회에 와서 급격히 증가하였으며, 이는 당분 및 탄수화물 섭취 등과 같은 식생활의 변화와 관련되어 있다.

임당유적에서 출토된 치아 중 분석된 치아 1,485개 중에서 충치가 확인된 치아는 86개로, 충치 유병률은 5.79%로 확인되었다. 여기에서 남성의 유병률은 4.89%, 여성은 6.15%로 여성이 남성에 비해 다소 높은 유병률을 보였다. 대개 음식을 씹은 면, 즉 치아의 윗면과 아랫면에 충치가 발생하는 것이 많은데 특이하게 치아의 옆면에 충치가 발생하는 경우도 확인된다.

››› 조영E II -2호 순장자 치아 - 생전 치아 결실과 충치

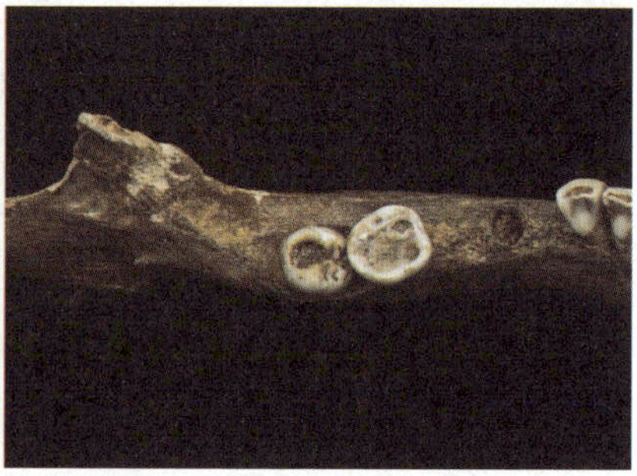

››› 충치의 흔적

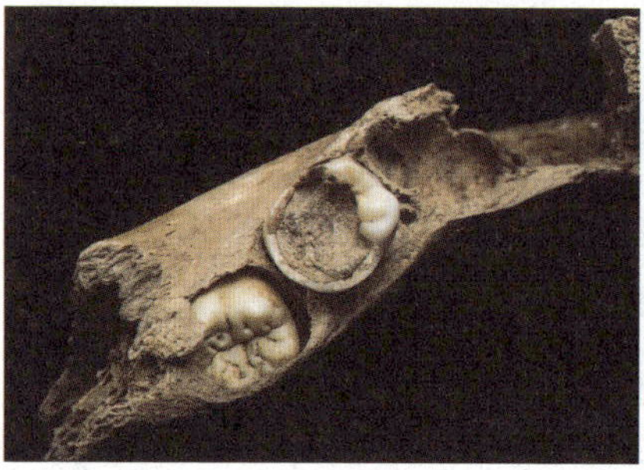

››› 충치의 흔적

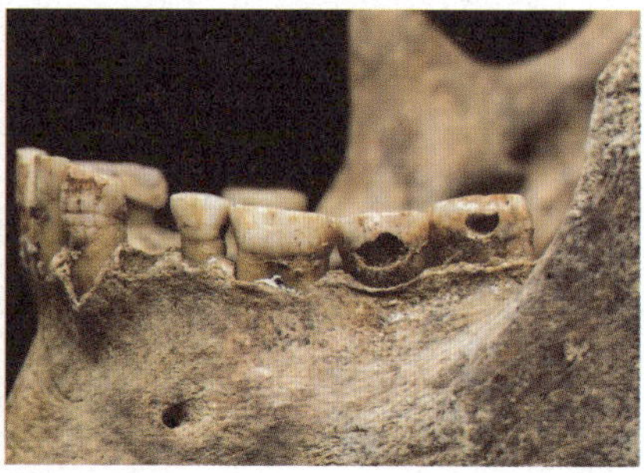

››› 충치의 흔적(치아 옆면)

농양은 주로 충치나 치아의 심한 마모 또는 외상으로 인해 치아의 에나멜과 상아질이라고 하는 구조가 손상되면서 치아속질(치수)이 노출되고 그 공간까지 세균이 침투하게 되면서 이틀뼈(치조골)에 구멍이 발생하는 증상이다. 고고학 유적에서 출토되는 사람 뼈의 농양은 주로 충치와 극심한 마모, 외상에 의한 치아속질공간 노출이 가장 큰 원인으로 파악된다. 임당유

적에서 출토된 치아 중 분석 대상이 된 전체 치아 못박이관절 1,144개 중에서 농양이 확인된 부위는 단 8개로, 농양 유병률은 0.7%로 확인되었다. 여기에서 남성의 유병률은 1.01%, 여성은 0.48%였다.

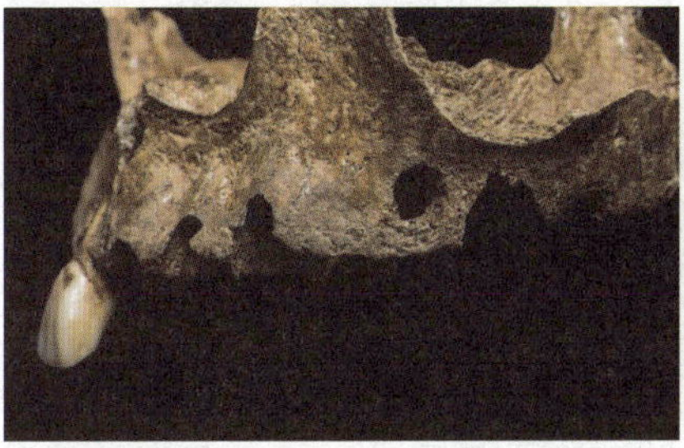

» 농양의 흔적

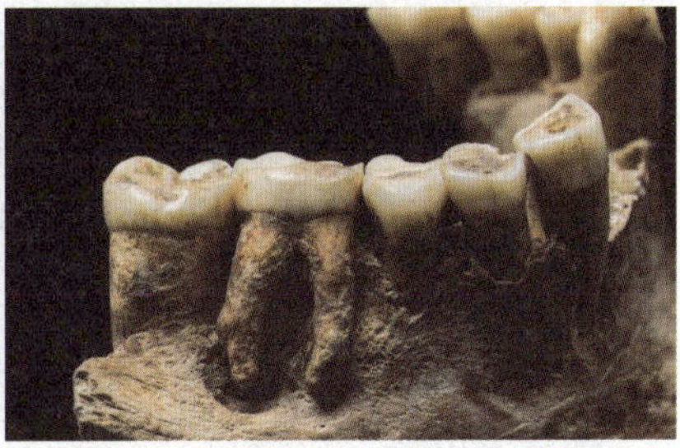

» 농양의 흔적

충치가 치아속질공간을 침범하면서 염증성 반응이 나타나 충치와 농양, 그리고 생전 치아 결실이 발생할 수 있다. 그런가 하면 치주질환으로 잇몸의 염증이 치조골까지 확장되고 치주염이 심해지면서 생전 치아 결실이 발생할 수도 있다. 고고학 유적에서 출토된 사람 뼈 집단을 대상으로 한 연구에서 생전 치아 결실은 질감이 거친 음식물의 잦은 섭취로 인한 치아의 극심한 마모, 영양 부족에 의한 질병, 문화적 관습에 의한 발치 풍습, 외상에 의해서 나타난다고 보고된 바 있다. 임당유적에서 출토된 치아 중 분석된 전체 치아 못박이관절 1,144개 중에서 생전 치아 결실이 확인된 부위는 88개로, 생전 치아 결실 유병률은 7.69%로 확인되었다. 여기에서 남성은 10.81%, 여성은 3.8%였고 성 추정 불가 범주는 6.11%로 나타났다.

그런가 하면 치아에 붙은 치태와 기타 물질이 굳어져 석회화된 치석이 확인되는 사례도 있다. 최근에는 이 치석을 분석하여 당시 사람들이 즐겨 먹었던 음식을 추적한다고 하니 앞으로 이러한 분야의 기술 발전도 기다

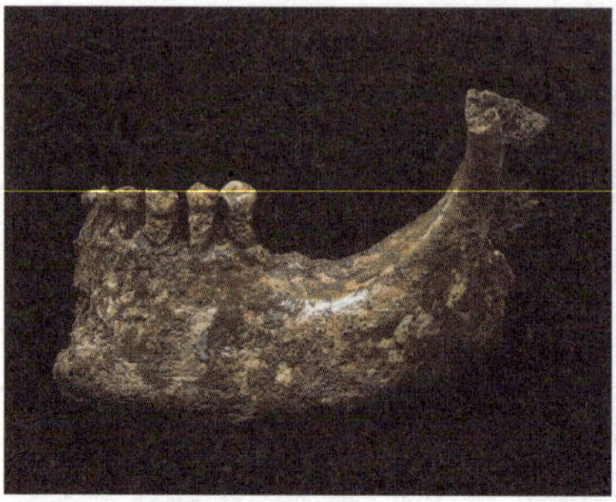

››› 생전 치아 결실의 흔적

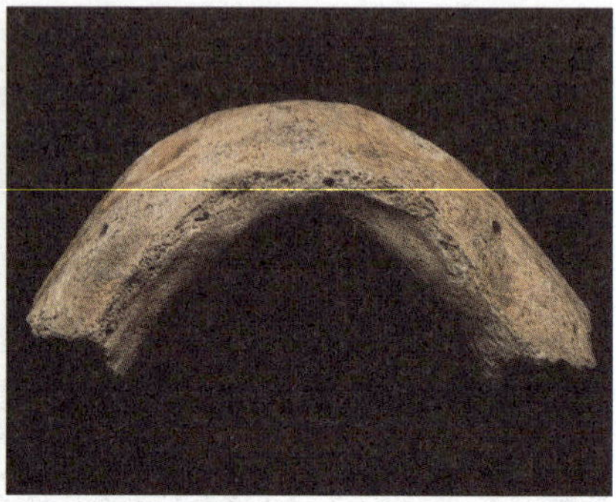

››› 생전 치아 결실의 흔적

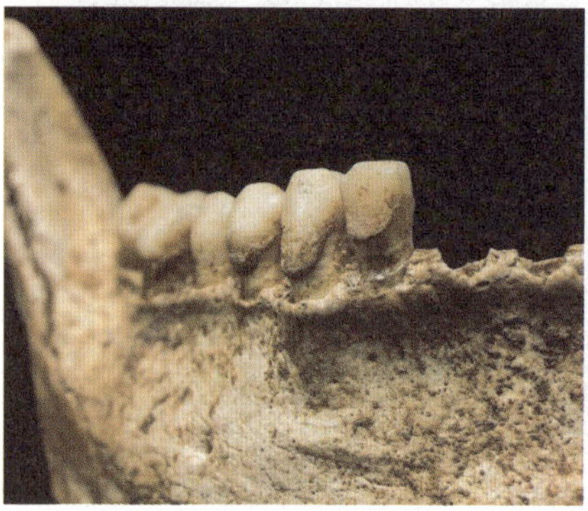

››› 치석의 흔적

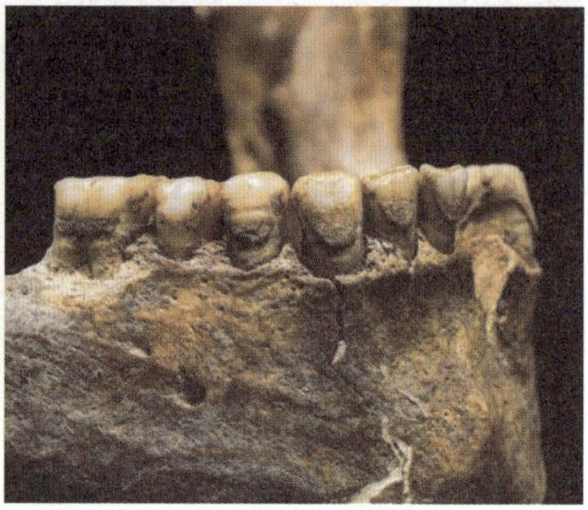

››› 치석의 흔적

려 볼 필요가 있다.

앞서 소개한 치아의 병리적 분석과는 성격이 다르지만 특정 치아의 마모나 기형적인 요소도 발견된다. 치아 마모는 4~8세 정도의 어린아이의 윗 앞니 안쪽면, 21~35세 여성의 윗 앞니 안쪽면, 41~60세 정도의 여성(적)의 아래 앞니 등에서 확인되는데 어린아이로부터 성인에 이르기까지 주로 여성에게서 확인되는 특징이 있다. 또한 4~8세 정도의 어린아이 치아는 치아 두 개의 뿌리가 붙어 있는 선천적 치아 기형이 확인되기도 한다.

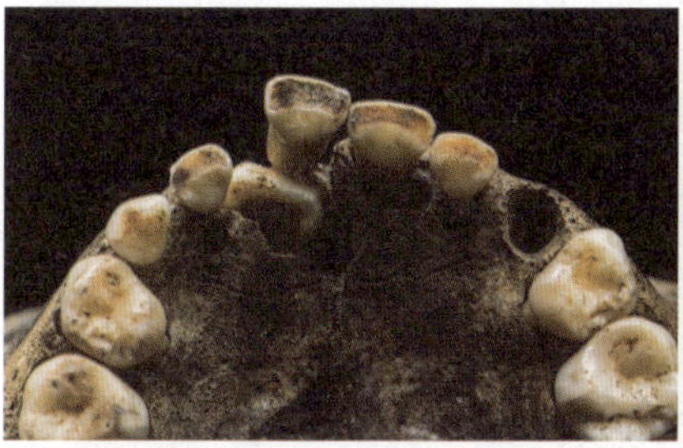

»» 4~8세 정도의 어린아이의 윗 앞니의 안쪽면 치아 마모

»» 21~35세 여성의 윗 앞니의 안쪽면 치아 마모

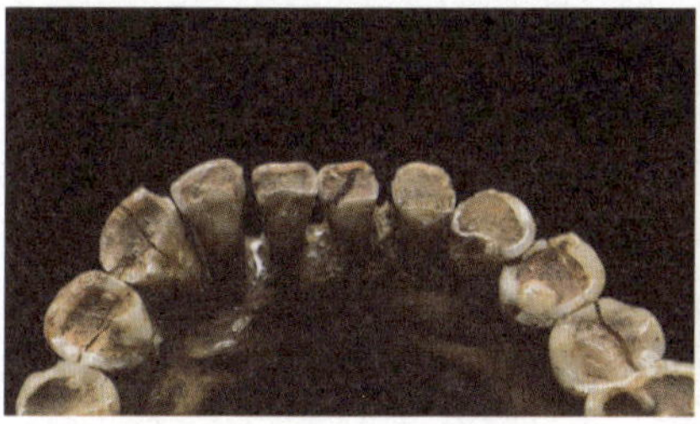

»» 41~60세 정도의 여성(적)의 아래 앞니 치아 마모

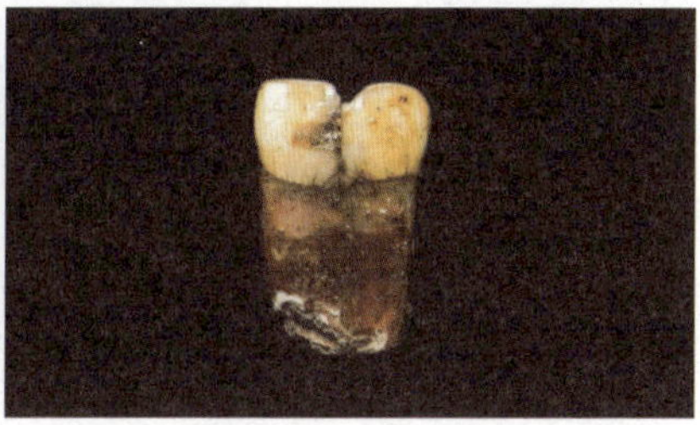

»» 4~8세 정도의 어린아이의 선천적 치아 기형

이상으로 고고학 발굴 현장에서 출토된 사람 치아를 통해 옛 사람들의 질병을 추적하여 당시 사람들의 삶의 모습을 찾아보았다. 앞으로도 체질(생물)인류학, 해부학, 분자유전학, 법의학 등 다양한 분야 전문가들의 의견을 모아 옛 사람들의 삶을 더욱 생생하게 복원하고자 한다.

# 4장

# 무덤을 만드는 신라·가야 사람들

19

# 신라·가야 고분, 그 발굴의 역사

영남지역의 고대사는 신라·가야의 역사와 맞물려 있고 신라·가야사는 고분의 발굴과 뗄 수 없는 관계라 할 수 있다. 현재까지 신라·가야의 고분이 어느 정도 발굴되었고 그 덕분에 신라·가야 관한 고고학적 연구도 활발하게 진행되었다고 할 수 있다. 이에 이번 글에서는 연구자마다 다소 이견이 있을 수 있으나 신라·가야 발굴 획기와 그 의미에 대해 필자의 생각을 간단히 소개하고자 한다.

고분의 발굴은 한국고고학의 시작과 맞물려 있다고도 볼 수 있다. 왜냐하면 일제강점기 이전부터 일본인에 의해 영남지역에 대한 고고학 조사가 시작되었는데, 지표조사 수준을 넘어 처음 굴토하여 고분을 조사한 것은 1906년 경주 황남동145호분(남총)과 동천동 북산 고분이기 때문이다.

일제강점기부터 해방까지 진행된 고고학 조사를 제1기(1910~1945)로 볼 수 있다. 이 시기는 일본인 학자에 의해 경주 고분에 대한 고고학 조사뿐만 아니라 경주를 중심으로 신라와 가야지역의 주요 고분을 발굴하게 된다. 경주에는 금관총, 금령총과 식리총, 서봉총 등 경주 노동동과 노서동 일대의 중·대형분이 발굴되었는데 금관 등 화려한 장신구가 출토되었으며 '적석목곽분'이라는 독특한 구조가 밝혀지게 되었다. 경주 외 신라·가

»경주 서봉총 발굴(중앙 왼쪽이 구스타프 황태자)
(梅原考古資料9844)

»경주 서봉총 금관 출토 상태(梅原考古資料9839)

야지역은 선산, 고령, 성주, 창녕, 함안, 양산, 대구 등 조사 전 이미 그 규모가 외관상 드러나 있었던 고총이 조사대상이 되었다. 이때에는 경주지역을 신라로 인식하였고 경주 외 지역은 가야의 범주로 파악하고 발굴한 것으로 보인다. 요약하면 제1기는 일본인 학자들에 의해 발굴이 주도되었으며 신라 중앙과 가야지역 일부 고총이 주요 발굴 대상이라고 할 수 있다.

제2기(1945~1975)는 해방 이후 경주 천마총과 황남대총이 발굴되던 시기까지로 볼 수 있는데 국립기관이 발굴을 주도하였고 경주지역이 주요 발굴 대상이 되었다. 일본인의 힘을 빌리긴 하였으나 호우총과 은령총 발굴이 대표적이며 1950~1960년대에는 황오리와 노서리 고분, 마총, 쌍상총 등이 발굴되었다.

경주 외에 의성 탑리고분이 발굴되었는데, 이후 대학박물관에 의한 지역 발굴이 시작되었다. 서울의 일부 대학들은 경북 안동, 의성 등지의 고분을 발굴하였고 영남지역 대학에서는 각기 특정 지역의 문화상을 밝히거나 가야 문화의 실체를 찾아 고분을 발굴하기 시작하였다. 특히 대구,

»경주 천마총 발굴조사 광경

»경주 천마총 발굴조사 광경

»경주 천마총 발굴조사 광경

»경주 천마총 장니 천마도

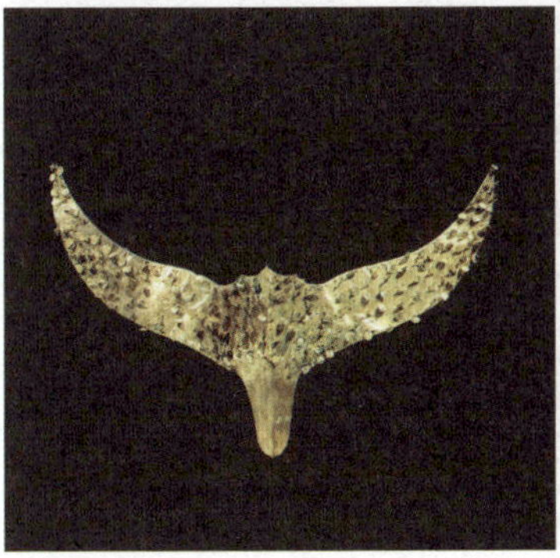

»황남대총 남분 출토 금제 관식

»황남대총 남분 금제 허리띠

구미, 창녕, 경산, 부산 등 봉토가 남아 있는 대형분을 발굴한 것이 의미가 있다. 이처럼 제2기에는 국립기관에서 주도하여 경주지역 고총을 발굴하였고 대학박물관이 특정 지방 고분 조사를 통해 지역 문화상을 밝히려고 하였다.

1970년대에는 문화재관리국의 주도로 경주의 천마총과 황남대총 등 대형 고총이 발굴되었으며 이는 경주 대형 적석봉토분의 구조를 이해하는 데에 큰 기여를 하였다. 그 주변에 대해서는 대학박물관이 발굴하였는데 특히 미추왕릉지구의 발굴은 대형 적석목곽분 주변에 소형 적석목곽묘와 수혈식석곽묘가 축조되었음을 알게 해 주었다. 이 시기 천마총과 황남대총을 포함한 대릉원지구의 발굴은 당시까지 모든 역량이 총동원되었다고 할 수 있다.

»경주 황남동 미추왕릉 전지구 발굴 전경

»경주 황남동 미추왕릉 전지구 출토유물

이 대릉원지구 발굴을 계기로 발굴 역량이 증가된 영남지역 대학박물관은 부산, 고성, 함양, 사천, 순흥, 대구, 구미, 칠곡, 고령 등에 분포한 대형 고분을 발굴하였다. 특히 고령 지산동 44·45호분의 발굴은 대가야 연구의 획기가 되었다. 이 시기를 제3기(1976~1994)로 볼 수 있으며 대학박물관이 발굴을 주도하였다고 할 수 있다.

같은 시기에 대규모 토목사업이 진행되면서 구제 발굴이 크게 성행하게 되었다. 그 시초가 바로 문화재관리국에 의한 경부고속도로 구간의 방내리고분 발굴이었다. 이후 안동댐 수몰지구, 구마고속도로 건설구간 등에 대한 구제 발굴이 뒤를 이었다. 1980년대에는 특정 목적을 위한 국립 박물관의 학술 발굴(경주 조양동고분군, 창원 다호리유적, 경주 구정동유적, 경주 용강동고분 등)과 대학박물관에 의한 단위지역 문화상을 밝히기 위한 발굴(영남대 임당동고분군, 부산대 복천동고분군, 경상대 옥전고분군, 경성대 칠산동고분군, 부산여대·경성대의 연산동고분군, 창원대 도계동고분군, 계명대 성산동고분군 발굴 등)이 진행되었다. 또한 대규모 토목사업으로 인한 구제 발굴(합천댐 수몰지역 발굴이나 택지개발에 따른 경산 조영동고분군 발굴 등)이 본격화되었다. 이러한 발굴로 인하여 단위지역의 묘제나 편년 서열, 토기의 지역성, 분묘의 변천상 등 고고학 연구에 큰 진전이 있었다.

››› 경산 임당동고분군 발굴 광경

››› 경산 임당동고분군 발굴 광경

››› 경산 임당동고분군 발굴 광경

그런가 하면 제3기에 들어서면서 국립기관에서는 안압지나 황룡사지 등 발굴 대상을 넓혀 나갔다. 반면에 대학박물관은 지역 고분 발굴에 참여하며 지방사와 지방 문화 연구와 복원에 크게 기여하게 되었다. 이러한 지역 발굴 및 연구는 훗날 국공립 박물관이나 연구소를 설립하게 되는 계기가 되었다.

1990년대 중반에는 대구 시지유적과 경산 임당유적이라는 대규모 발굴을 기반으로 발굴 전문기관이 출현하기 시작하여 영남 각지의 구제 발굴을 주도하였는데 이때부터 제4기(1994~현재)로 볼 수 있다. 이 시기에는 발굴 전문기관 뿐만 아니라 국립문화재연구소와 복천박물관, 대성동고분박물관 등 각 지역마다 고고학 발굴 자료와 성과를 중심으로 고고학 전문 박물관이 설립되어 지역 고고학 연구에도 기여하게 되었다.

제4기의 문화재 발굴 전문기관의 출현은 전국 각지의 작은 규모의 소형 고분이나 잘 알려지지 않았던 고분의 발견에도 기여하였다. 또한 고분 외에 생활유적(대구 시지나 칠곡, 봉무동의 생활유적, 경산 임당유적, 김해 봉황대유적 등)이나 생산유적(경주 손곡동, 물천리, 화곡리, 화산리, 경산 옥산동, 양산 호계리, 창녕 여초리, 함안 우거리 등 가마유적과 경주 황성동, 밀양 사촌리 제철유적 등 다수) 발굴을 통해 취락 고고학이나 생산 고고학 등 고고학의 연구 영역을 넓힘으로써 각 지역의 문화상을 복원하는 데에 큰 역할을 하게 되었다.

20

# 신라·가야 사람들의 고분 축조와 부장품

고대 신라와 가야의 영역은 대체로 지금의 영남지방에 해당하는데 본래부터 두 정치세력권의 범위가 뚜렷하게 구분되는 것은 아니었다. 『삼국지(三國志)』 위서(魏書) 동이전(東夷傳)은 3세기경까지 영남지방에 진한(辰韓)·변한(弁韓) 24개 소국이 있었다고 전한다. 이 중에 사로국(斯盧國)이 3세기 후반 경에 경주 일대에서 정치적인 영향력을 확대하여 신라라는 고대국가로 성장하였던 것으로 보인다. 가야라는 명칭은 구야국(狗倻國)으로부터 유래하지만 가야라는 실체가 연맹체를 형성하고 있었던 것인지, 과연 그렇다면 그 시점은 언제이고 존속기간은 얼마인지, 그리고 그 범위는 어느 정도 되는지 등에 대해 이견이 많다. 그러나 5세기를 기준으로 한 마립간기 신라의 정치적 영향력 안에 있었던 소국들을 제외한 나머지 영남지방의 소국들을 통칭하여 가야라고 한다면 대체로 가야산 이남이면서 낙동강 이서에 해당하는 지역이 가야의 영역이 될 것이다.

신라와 가야 사회가 남겨놓은 문화유산 중 필자가 가장 관심을 가지고 있는 것이 고분과 그 부장품이다. 왜냐하면 고분은 사람들이 죽음이라는 사실을 직시하고 그 두려움을 극복하기 위해 만들어낸 역사적 산물이기 때문에 당시 사람들의 삶과 죽음에 대한 인식과 그 사회를 유추할 수 있기 때문이다.

일반적으로 고분은 삼국시대에 축조된 무덤을 말하는데, 지하 또는 지상에 매장시설을 만들어 시신을 안치하고 그 위에 흙이나 돌을 높이 쌓아 올려서 만든다. 하지만 이를 좀 더 엄밀하게 따져서 분묘-고분-고총으로 단계화하여 구분하기도 한다. 즉 분묘는 일정한 봉토를 가진 옛 무덤 전체를 가리키며, 분묘 가운데 그 입지가 우월하고 매장 주체부가 아주 크고 무기나 장신구 부장 등 개인의 사회적 지위를 잘 보여주는 것을 고분이라고 한다. 또 이 고분 중에 묘역이 아주 크고 거대한 분구를 가진 것은 고총이라고 부르기도 한다. 고총 중에 대표적인 것이 경주 대릉원 일대에서 볼 수 있는 큰 무덤들이다. 경주지역 외에도 경산 임당동과 조영동고분군, 의

››› 경주 대릉원 전경(출처 국가유산청)

››› 경산 조영동고분군 전경

››› 고령 지산동고분군 전경(출처 국가유산청)

성 금성산고분군, 성주 성산리고분군이나 고령 지산동고분군, 함안 말이산고분군, 김해 대성동고분군 등 신라와 가야 지역에서 어렵지 않게 확인할 수 있다.

이러한 고분의 발생은 지배와 피지배라는 엄격한 사회계층이 형성되었고 정치적으로는 월등한 지배자가 출현하여 국가라는 정치제가 발생하였음을 의미한다. 또한 고분은 시신을 매장하는 무덤의 기능 외에 거기에 묻힌 사람의 지위와 권위를 상징하는 거대한 기념물임을 알 수 있다. 따라서 고분은 거대한 외형뿐만 아니라 당시 사회에서 최고 수준의 부장품이 매장, 소비되며 심지어 생전에 주인은 섬기던 시동이나 시녀, 호위무사나 유모, 첩 등이 순장되기도 한다.

앞서 고분에서는 막대한 양의 부장품이 매장된다고 했는데, 이는 피장자가 생전에 소유하였던 것일 수도 있고 죽은 이를 애도하기 위해 살아 있는 사람들이 바친 것일 수도 있다. 이러한 유물 부장은 신라, 가야 사회에서 죽은 사람의 영혼이 사후의 세계에서도 계속 이어간다는 계세사상에 기인한다고 보는 것이 일반적이다. 고분 부장 유물 중 대표적인 것이 금, 은, 금동, 유리 등으로 만든 장신구와 철기로 만든 각종 무기와 마구, 그리고 다종다양한 토기라고 할 수 있다.

고고학자들은 고분에 출토되는 부장품을 통해 고분의 축조 연대를 추정하거나 토기의 생산과 소비 문제, 철기의 부장과 성격, 장신구의 제작과 소비에 관한 의미 분석 등 다양한 연구를 진행하고 있다. 그 중에서 필자는 고분 유물의 부장 성격에 따라 다음과 같이 기준을 제시한 바 있다. 즉 신라, 가야의 고분 특히 고총은 주곽과 부곽이 한 세트로 축조되는 경우가 많은데, 주곽에 부장되는 유물은 피장자의 복식유물과 피장자를 위한 제사유물로 구분할 수 있다.

복식유물은 주피장자의 계급이나 지위를 나타내는 것으로 주피장자의 신변에서 출토되는 유물을 가리킨다. 즉 관, 귀걸이나 목걸이, 팔찌와 반지, 허리띠장식, 금동신발 등 피장자가 착장하거나 신변 가까이에서 출토되는 장신구나 피장자가 착장한 (환두)대도나 도자 등의 무기를 말한다.

» 황남대총 북분 금관(출처 국가유산청)

» 황남대총 북분 출토 금제허리띠(출처 국가유산청)

제사유물은 공헌품 또는 의례용 유물을 가리키는데 유물이 부장되는 위치에 따라 주곽 내 피장자의 머리맡에 마련된 부장칸이나 충전석 위, 목곽 위에도 부장된다. 제사유물의 종류로는 (유개)고배와 (유개)배, 연질발, 대부완, 파배, (대부)장경호, 단경호, 통형기대 등의 토기와 철촉이나 화살통 장식, 철모, 철부, 도자, 철정, 겸형철기, 유자이기 등의 철기가 있다.

사후 생활유물은 피장자가 죽음 이후 내세에서 사용할 수 있도록 부장한 유물을 가리키는 것으로 주로 부곽에 부장된 유물로 다양한 종류의 토기, 무기·공구·마구 등의 철기, 그리고 각종 토제나 석제품으로 이해할 수 있다. 사후 생활유물은 다양한 종류의 토기가 있으며 특히 단경호, 직구호, 대호 등 저장용 토기가 많이 부장된다. 그리고 파수부호, 시루, 연질장란형옹 등과 같은 취사용 토기도 부장된다. 따라서 부곽은 사후 생활을 위한 유물을 부장하는 창고로 볼 수 있다.

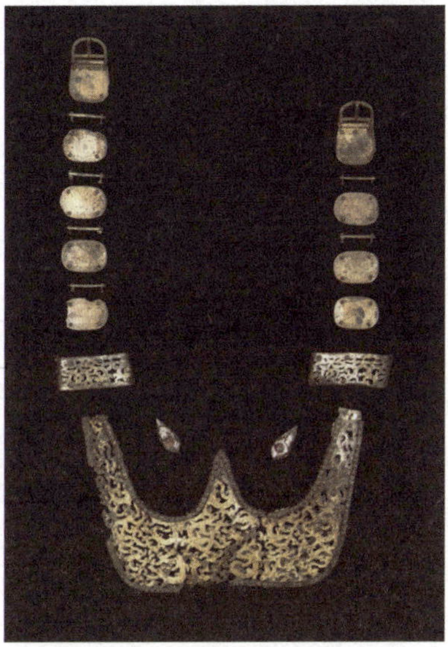

›› 임당동고분군 출토 금동제 화살통장식

›› 임당동과 조영동고분군 출토 대호

무엇보다 부곽의 토기 속에는 많고 다양한 음식의 잔존물이 확인되었다. 최근 임당동과 조영동고분군에서는 소나 말, (멧)돼지, 개, 사슴, 토끼 등의 포유류와 꿩을 비롯해 오리 등 여러 종류의 조류, 상어류, 농어, 방어,

돔, 복어, 넙치, 고등어, 잉어 등 각종 어류, 그리고 고둥, 다슬기, 홍합, 전복 등 다양한 패류도 확인되었다. 이러한 부장 양상은 당시 최고 권력자들이 죽음 이후에도 살았을 때의 부와 권위를 유지하고자 했음을 잘 보여준다고 할 수 있다.

»» 고분 속에서 출토된 각종 음식물(조개류)

»» 고분 속에서 출토된 각종 음식물(꿩뼈)

»» 고분 속에서 출토된 각종 음식물(과일씨)

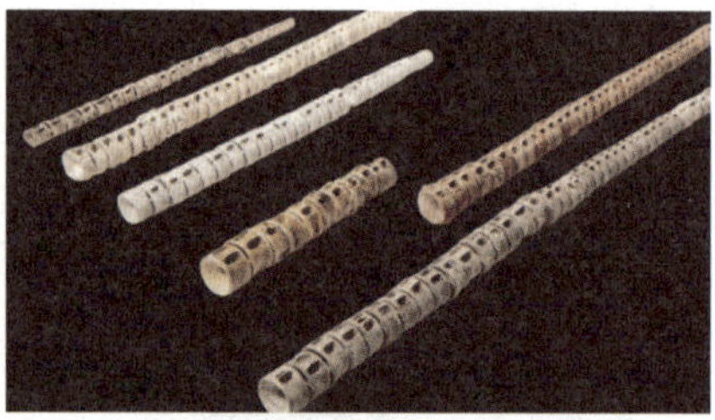

»» 고분 속에서 출토된 각종 음식물(상어뼈)

이렇듯 신라와 가야 사회의 고분은 단순한 무덤이 아니라 축조 과정에서 그 지역 사회의 계층을 구분하고 그 지역 사회를 결집할 뿐만 아니라 지배자들의 권위를 계승한다. 동시에 각 지방마다 축조되는 고분은 그 지역의 정체성을 반영한다고 할 수 있다. 또한 당시 각 지역 지배자들은 고분 축조라는 집단적인 행위를 반복하면서 자신들의 권력을 정당화하고 명분을 강화하는 기념물로 이용되었다.

## 21

# 고분 출토 토기의 양식과 그 영역

1960~1970년대 이후부터 신라·가야 고분 발굴이 본격적으로 진행되면서 그 고고학적 성과는 일일이 열거하기 어려울 정도로 많이 축적되었다. 이에 그 내용을 신라·가야 고분 발굴 성과를 고분 출토 토기의 양식과 그 영역, 고분의 구조와 변천 양상, 고분의 축조 시기와 편년, 신라의 성립과 발전 과정, 금관가야와 대가야의 실체와 영역, 순장과 순장 습속의 이해 등 몇 가지 주제로 나누어 이야기해 보고자 한다.

신라는 경주분지 일대의 사로국에서 출발하여 주변의 진한 소국을 복속시키고 낙동강 이동지역 일대에 정치적인 영향력을 행사하였다. 그 후에는 낙동강 이서지역을 포함한 영남지역 전체를 통합하여 중앙집권화된 고대국가로 성장한다. 이처럼 신라의 성장에 따라 그 공간적인 영역은 점차 확대되어 간다. 반면 가야는 변한을 모태로 발전하는데, 변한 소국 중 구야국을 중심으로 전기가야연맹체가 구성되었고, 5세기부터는 전기의 금관가야가 몰락하고 고령의 대가야를 중심으로 후기가야연맹이 결성되었다가 신라에 의해 통합된다. 당연히 신라의 확장에 따라 가야의 영역은 계속 축소되어 갔다는 것이 현재 학계의 대체적인 의견이다.

이러한 신라와 가야 영역을 방증하는 자료로 신라토기와 가야토기의 분포 범위가 이용되고 있다. 그러나 신라토기와 가야토기에 대한 정의에 대해서도 연구자마다 큰 시각차가 있으며 토기의 분포 범위를 정치적인 범위로 해석하기에는 지나치다는 비판도 있는 것이 사실이다. 그럼에도 불구하고 신라와 가야 고분은 그 역사적 과정 중에 건축되었고 오랜 세월 각 지역의 역사와 얽혀져 왔다. 오늘날에도 신라와 가야의 고분은 각 지역 공동체가 역사의식을 공유하고 내면화하는 데 물질적인 근거를 제공하기 때문에 아주 중요한 고고학적 자료로 인식된다.

신라토기와 가야토기의 양식적 구분은 1960~1970년대 대구, 구미, 창녕, 경산, 부산 등 영남지역 일대에 봉토가 남아 있는 대형분을 발굴하고 그 자료를 분석하면서 시작되었다고 볼 수 있다. 즉 '낙동강동안양식 토기'와 '낙동강서안양식 토기'로 구분된다는 견해가 그것이었다. 그러나 이때까지만 해도 고고학의 주된 의견은 경주와 그 주변 지역을 제외한 전 지역이 가야라는 인식이 팽배해 있었다. 이후 1970~1980년대 신라 지방고분과 가야지역 고분의 발굴이 지속되면서 신라토기와 가야토기, 또는 낙동강동안양식과 낙동강서안양식이 확연하게 구분되는 것을 알게 되었다. 지금은 신라토기와 가야토기는 '김해식 토기'라고 불렀던 고식도질토기에서 발생한 것이며 그 기종구성이나 제작기술 또한 유사한 부분이 많아 시·공간에 따라 구분하는 것이 단순하지 않지만 토기의 기형에서 양식적인 구분을 할 수 있다고 대체로 이해하고 있다.

공간적으로 보면 낙동강 이동지방과 이서지방의 성주, 그리고 김해지역은 신라양식으로 볼 만한 기본형이 존재한다. 특히 5세기대에 낙동강을 경계로 동안과 서안의 양식적인 차이가 뚜렷해지고 양 지역에서는 토기 양식의 유사성이 매우 높아진다고 할 수 있다. 즉 경산, 울산, 포항 등에서 출토되는 토기양식은 경주의 양식과 거의 구분되지 않지만 부산이나 대구, 칠곡 등은 조금씩 차이를 보이고 안동이나 창녕, 성주 등은 꽤 큰 차이를 보인다. 따라서 이러한 토기양식의 분포는 정치·경제적인 교류에 의한 결과로 이해할 수 있다. 반면 대가야, 아라가야, 소가야 등 가야지역의 토기는 서로 다른 양식으로 낙동강 이동 지역의 토기양식 차이보다 훨씬 큰 차이를 가지고 있다고 볼 수 있다.

그런가 하면 신라양식 토기의 지역 분포는 시기에 따라 다소 다르게 나타나기도 한다. 예를 들어 기원후 4세기대 김해·부산지역에는 고배나 노형토기 등 독특한 양식의 토기를 확인할 수 있으며 5세기대에는 전형적인 신라양식 토기가 전지역에 넓게 분포한다. 그리고 6세기 중엽부터는 가야지역에서도 신라후기양식 토기가 확산되어 나타난다.

결국 신라·가야의 토기 양식은 크게 신라양식과 가야양식으로 대별되고 각 양식군 안에서는 지역에 따른 특징을 볼 수 있다. 이러한 소지역 양식은 개별 정치체의 존재와 무관하지 않다. 가야지역은 말할 것도 없고, 신라지역 내에서 신라에 복속된 지방 세력이라 하더라도 큰 규모의 고총고분군을 축조해 나간 지역정치체가 존재하였던 것으로 볼 수 있다. 이러한 정치체들이 독자적인 양식의 토기를 생산했던 것으로 이해할 수 있다.

이러한 토기양식의 차이는 신라와 가야의 영역을 설정하고자 하는 논의로 발전된다. 대표적인 사례가 부산 복천동고분군의 발굴이다. 즉 5세기에 축조된 복천동 21·22호, 10·11호에서는 재지양식 토기와 함께 신라토기라고 할 수 있는 '낙동강동안양식 토기'가 출토되었다. 이를 통해 금관가야권을 김해 대성동고분군과 부산 복천동고분군을 중심으로 한 집단으로 이해하는 견해와 이 시기에는 이미 부산지역이 신라에 포함되었다는 견해가 현재까지 대립되고 있다.

››› 경주지역 출토 신라토기 (경주 인왕동, 황남동 외, 4~6세기)

››› 금관가야토기(4~5세기)

››› 소가야토기(5세기)

››› 아라가야토기(5~6세기)

››› 대가야토기(5~6세기)

또한 신라와 가야의 접경지에 해당하는 창녕이나 성주지역에 대해서도 신라냐 가야냐의 논쟁이 지속되고 있다. 즉 창녕과 성주는 모두 『삼국유사』 등의 기록에 모가야라는 명칭으로 등장하고 있어 그동안 가야로 인식되었다. 그러나 1980년대까지 발굴된 자료가 검토되고 이후 지속적으로 발굴된 두 지역의 고분에서는 신라식의 위세품과 낙동강동안양식토기의 출토 현상을 통해 신라의 지방으로 인식하려는 경향이 발생하였다. 최근 가야고분군 세계문화유산 등재 시 창녕 교동과 송현동고분군은 5~6세기 가야연맹을 구성했던 비화가야를 대표했던 고분으로 평가되고 있다.

2nd
Special Story

# 미얀마의 토기 제작마을:
# 작은 질그릇의 성형과 소성

미얀마에서 질그릇은 의례용품이자 생활용기이며 때로는 부의 상징으로 그들의 생활 깊숙이 자리하고 있다. 따라서 질그릇에 대한 소비가 많고 이를 공급하기 위한 질그릇 제작 마을이 미얀마 전역에 위치한다. 특히 에야와디강을 중심으로 만달레이구와 사가잉구 일대는 질그릇 제작을 위한 원료토와 가마 소성을 위한 화목 구입이 수월한 편이다. 또한 배를 통한 운반이 용이하도록 수운이 잘 발달되어 있어 질그릇 제작마을이 집중적으로 분포한다.

필자는 (재)한빛문화유산연구원 여수경 박사(인류학), 시선과프레임 권순신(사진작가) 대표와 함께 2016년부터 코로나19 사태가 본격적으로 터지기 직전인 2020년 2월까지 수차례에 걸쳐 미얀마 토기마을을 탐방하였다.

본격적인 현지조사 전부터 기존의 연구 성과를 통해 중국의 운남지역, 태국, 대만 등지에 토기마을의 정보에 대해 알고 있었다. 하지만 미얀마는 군부의 통치로 인해 질그릇 제작마을이 학계에 잘 알려지지 않았었다. 그

래서 먼저 현지 코디네이터의 도움을 받아 에야와디강 일대의 마을을 탐문하고 현지 방문을 통해 질그릇 제작마을을 찾는 데 성공했다. 여러 마을 중 질그릇 제작과 가마 소성 방식 그리고 마을의 규모, 더불어 연구자들의 안전을 함께 고민하여 최적의 마을을 현지조사 대상으로 선정하였다. 이렇게 선정한 마을에는 시간을 두고 지속적으로 방문하면서 현지인들과의 관계(Rapport, 라뽀)를 형성하였고, 계절과 경제 활동 시기 등을 고려하면서 현지조사를 진행하였다.

미얀마 중앙에 에야와디강을 끼고 만달레이라는 도시가 위치한다. 이 만달레이 시에서 18㎞ 정도 떨어진 곳에 따지마을이 위치하는데 이곳에서는 생활용 질그릇과 흙으로 구운 장난감을 만들고 있다. 이렇게 만든 질그릇을 현지어로 '오(Ole, အိုး)'라고 부른다.

오의 성형과 소성 과정은 이제 우리나라에서는 볼 수 없는 자료라 현지를 탐방하고 관찰한 내용을 간단히 소개하고자 한다. 먼저 원료토는 검은색과 붉은색 두 종류를 섞어 사용하는데, 마을 주변 호수에서 채취하며 잘 말린 후 잘게 부수어 사용한다. 잘 말린 원료토는 물에 충분히 불린 후 흙탕물을 내고 다시 걸러 점토물을 가라앉힌 후 점토를 뽑아낸다. 고운 점토는 물을 빼서 적당히 굳으면 질그릇을 만들기 시작한다.

여러 종류의 오 중에서 주로 행사에 사용하는 의례용 그릇인 '빼야오(ဘုရားအိုး)'의 성형 과정을 살펴보자, 먼저 점토를 한 움큼 집어서 물레 위에 얹고 회전력을 이용하여 몸통과 아가리 부분을 빚어올린 후 하루 정도 건조한다. 그 다음 작업자는 작업 치마를 두르고 각종 성형 도구를 준비한다. 약간 건조된 질그릇은 비스듬하고 왼손을 그 안에 넣고 타날(질그릇 바깥면을 두드리는 나무 도구)과 내박자(질그릇을 두드릴 때 안쪽면에 대는 도구)를 활용하여

● 따지마을 전경

두드려가며 둥근 바닥을 마련한다. 이후 아가리 아래 부분에는 가로 방향의 문양을 두드려 시문하고 몸통 외면에 대나무나 젓가락을 활용하여 세로 방향의 선을 시문한 후 다시 건조시킨다. 잘 건조된 상태에서 대각을 부착한다. 마지막으로 그릇 내외면에 광을 내기 위해 문지르기를 한다. 문지르기 도구('공힌'이라고 불리는 나무의 씨를 사용)를 손가락으로 거머쥐고 아가리 내부, 몸통 상부와 하부 순으로 문지른다. 이 모든 작업이 끝난 질그릇은 완전히 건조시킨다.

● 원료토를 잘게 부수어 말리는 모습

● 점토물을 내는 모습

• 빼야오의 모습

• 점토를 물레에서 뽑아올려 형태를 만드는 모습

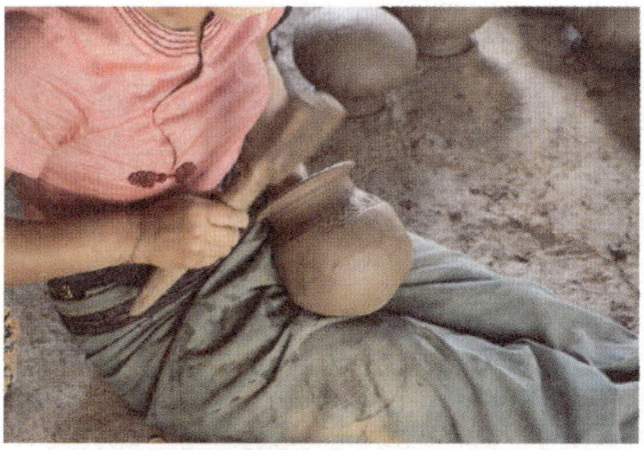

• 질그릇을 두드려 성형하는 과정

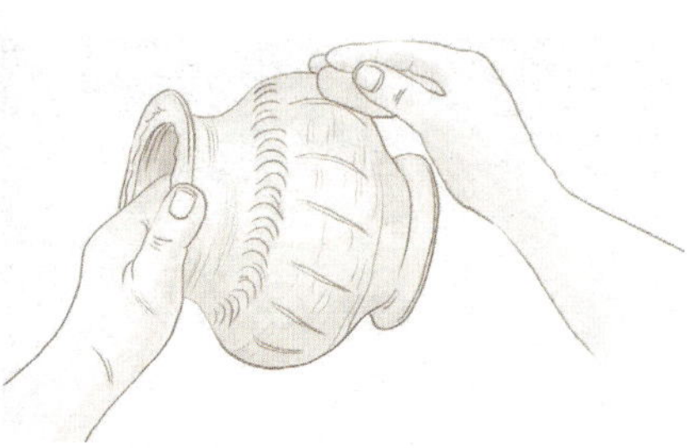

• 질그릇을 문지르는 모습

이렇게 성형이 끝난 질그릇은 불에 구워낸다. 가마는 일종의 개방형으로 나무껍질이나 대나무 등을 주연료로 사용한다. 먼저 바닥에 연료를 깔고 잘 말린 질그릇을 4~5단 정도의 높이까지 쌓은 후 질그릇의 가장자리에도 화목을 댄다. 전체적으로 마른 볏짚을 두툼하게 덮고 그 위에 다시 재를 덮어 불을 지필 준비를 끝낸다.

가마의 가장자리에는 재를 완전히 덮지 않은 채, 볏짚 사이에 구멍을 낸 뒤 불을 피워 깊숙이 집어넣고 불이 붙은 것을 확인하면 재를 쓸어내려 가장자리까지 덮는다. 불을 피운 후 약 20시간이 지나면 가장자리에 구멍을 뚫어 화력을 더욱 높인다. 또 다시 5~6시간 정도를 기다려 구멍을 더 내서 남은 화력을 소진시킨다. 이제 가마의 가장자리를 열어 남은 열기가 사라

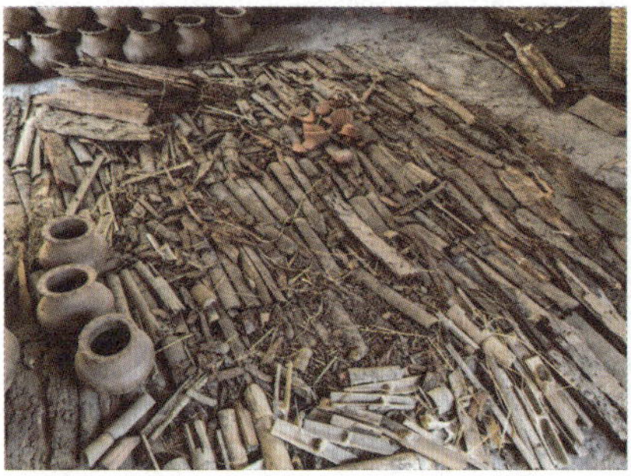

● 가마 바닥에 주연료를 깐 모습

● 가마 내부 질그릇 쌓기

● 질그릇 외부 볏짚 덮기

● 불지피기 전 모습

• 가마 내부 불 지피는 모습

• 가마 주변으로 구멍을 낸 모습

• 가마 가장자리를 열어 둔 모습

• 질그릇 소성이 끝난 모습

질 때까지 기다린다. 이렇게 모든 소성이 끝나면 해체하여 판매장으로 보내진다.

이상에서 보듯이 미얀마에는 우리가 고대 사회나 그 이전에 제작하고 사용했던 질그릇을 지금도 만들어 사용한다. 또 그것이 의례용품이자 생활용기로 활용되면서 이들에게는 생계를 위한 수단이기도 하다. 머지않은 시간에 플라스틱이라는 새로운 재질의 용기가 그 자리를 대신할지 모를 일이나 아직은 미얀마에 질그릇 제작과 사용이라는 전통적인 생활방식이 남아 있다.

3nd
Special Story

미얀마의 토기 제작마을:

# 물항아리의 성형과 소성

미얀마를 여행해 본 사람들은 길거리에 수박만한 크기의 황토색 항아리가 놓여 있는 것을 쉽게 보았을 것이다. 이 항아리는 흙으로 빚어 구운 것으로 마시는 물을 담아 두고 있다. 현지에서는 이 항아리를 '예오(Yhe Ole)'라고 부르는데, '물항아리'라고 할 수 있다. 그런데 이 항아리에 물을 담아두면 물이 항아리에 스며들어 조금씩 항아리 밖으로 새어 나온다. 현지에서는 물이 항아리 밖으로 조금씩 잘 새어 나와야 좋은 것으로 평가하는데, 적당히 새어 나온 물이 항아리의 표면 온도를 낮추면서 그 속에 담긴 물을 차고 시원하게 보관하기 때문이다.

미얀마 중부에 위치하는 사가잉주 에야와디강 일대에는 이 항아리를 제작하는 마을이 있다. 이 항아리를 성형하고 소성하는 과정은 우리나라 선사시대나 고대 사회의 질그릇 제작 과정을 추론하는 데에도 도움이 될 수 있어 그 과정을 간단히 소개하고자 한다.

• 물항아리 모습

• 물항아리에 물이 새어 나오는 모습

• 물항아리 원료토를 섞어 반죽하는 모습

• 물항아리를 성형한 후 타날로 두드리는 모습

먼저 원료토는 붉은색과 검은색의 흙을 1:1의 비율로 혼합하여 사용한다. 붉은색 원료토를 잘 말려 망치로 잘게 부순 후 거기에 검은색 원료토 진흙물을 혼합하여 이 둘이 잘 섞이도록 반죽한다. 성형은 대략 네 차례에 걸쳐 진행된다. 먼저 점토를 적당히 떼 물레 위에 올리고 물레를 돌리면서 동체부를 뽑아 올린다. 기초적인 성형 후에 실떼기를 통해 이를 물레에서 떼어 낸 후 건조한다. 이후 물기가 마르고 촉촉이 건조된 질그릇을 작업자

● 물항아리를 건조장으로 옮기는 모습

의 무릎과 허벅지 사이에 올린 후, 질그릇 안쪽에는 흙으로 만든 내박자(질그릇의 안쪽면에 대는 받침 도구)를 대고 목제 타날(두들개)을 활용해 두드리면서 그 형태를 둥글게 만들어낸다. 대략적인 형태가 완성되면 계속 두드리면서 그 형태를 완성해 간다. 이때 질그릇의 두께가 균일하도록 잘 조절해야 한다. 좀 더 말린 후 외면 상부는 문양이 있는 타날로 두드리면서 시문하고 하부는 문양없이 둥글게 타날한다. 이러한 성형 작업이 끝나고 나면 작업자들은 머리에 질그릇 여러 개를 마치 묘기하듯이 포개 얹고 소성장으로 옮긴다.

마을에는 몇 개의 소성장이 공동으로 운영되고 있다. 소성장 가운데 바닥에 주연료로 사용할 잘 말린 나무껍질을 먼저 깔고 그 위에 질그릇을 쌓는다. 이때 질그릇은 아가리가 아래를 향하도록 비스듬히 눕히고, 가운데에서 바깥으로 시계방향으로 동심원을 그리며 3단으로 포개 쌓는다. 다 쌓은 후에는 가장자리에도 나무껍질을 놓고 볏짚을 전체적으로 덮는다. 또 그 바

• 물항아리를 포개어 쌓는 모습

• 물항아리 소성 가마에 불을 지핀 모습

깥으로 진흙을 발라 열이 밖으로 새지 않도록 한다. 이렇게 모든 준비가 끝나고 가장자리에 불을 붙이면 가마 내부가 순식간에 불에 휩싸이며 질그릇이 본격적으로 굽히기 시작한다. 이러한 소성 과정을 다 거치고 나면 맑은 소리가 나는 단단한 재질의 질그릇이 완성된다.

미얀마에는 "예오는 두드려야 단단해진다"라는 말이 있다. 즉 예오를 성형하는 과정에서 많이 두드리는 과정을 거쳐야 좋은 예오를 만들 수 있다는 의미다. 그런가 하면 '물이 잘 새는 예오'가 좋은 예오로 평가되기도 한다. 이는 물항아리의 주요 기능인 저장과 보관을 생각한다면 다소 역설적으로 들린다. 하지만 물을 담아두고 그 물을 식용으로 사용하기 위해 조금씩 물을 밖으로 내보내야 제대로 정화 기능을 하고 차고 시원하게 보관할 수 있기에 이 표현 또한 틀리지 않다.

동남아 여러 나라에서 이 예오를 사용하였으나 지금은 미얀마 사람들이 주로 이 예오를 사용되고 있다. 사람들이 많이 드나드는 곳뿐만 아니라 한적하고 인적이 드문 곳에도 나무 그늘 아래에는 어김없이 예오가 놓여 있으며 그 속에는 시원한 물이 가득 채워져 있다. 40℃를 넘는 미얀마의 덥고 건조한 날씨에 갈증에 목마른 사람은 누구든지 이 물을 마실 수 있게 한 배려가 가득하다고 할 수 있다. 이 예오를 놓아두는 사람은 정해져 있지 않고

• 물항아리 가마 상부에 연기를 내뿜으며 소성되는 과정

마음만 있다면 누구나 갖다 놓을 수 있다. 미얀마 사람들은 개인의 복을 바라는 마음으로, 집안의 우환을 없애기 위하여, 마을을 찾아오는 사람들의 안녕을 기원하며, 부처님에 대한 예를 다하는 마음 등 다양한 이유로 이 항아리를 공양한다.

2016년 영국의 자선 구호단체인 CAF(Charities Aid Foundation)이 발표한 기부지수에 의하면 미얀마가 기부지수 1위를 차지하였다. 이런 기부문화는 곧 사회적인 보시로 이어지고 미얀마의 하층민들을 대상으로 한 보시도 매우 보편적이어서 국민의 90% 이상이 다양한 기부 활동에 동참하고 있다. 이러한 이유로 미얀마는 동남아시아 국가 중 가장 가난한 나라임에도 불구하고 굶어 죽는 사람이 없다고 한다. 사회적 기부를 생활 깊숙이 실천하며 사는 미얀마에 가서 예오에 담긴 시원한 물 한잔 들이킬 수 있기를 기대한다.

22

# 고분의 구조와 변천 양상

신라와 가야의 높고 큰 규모를 가진 고분은 겉으로는 봉분만 드러나 있어 큰 차이점을 알 수 없지만 실제 내부 구조는 아주 다양하고 복잡하게 설계되어 있다. 최근 경주의 금관총이 재발굴되고 또 쪽샘지구의 적석목곽분에 대한 발굴 성과가 축적되면서 신라 적석목곽분의 구조에 대한 심도 있는 논의가 진행되고 있다. 경주 탑동유적에서는 삼국시대 목곽묘의 구조가 그대로 남아 있는 고분이 발굴되어 고고학계의 뜨거운 관심을 받은 바가 있다. 또한 가야지역에도 세계유산 등재와 관련하여 지속적으로 대형 고분이 발굴되면서 가야 각국의 고분 구조와 변천이 하나의 큰 연구 주제가 되고 있다.

일반적으로 고고학자들은 신라와 가야 고분을 매장시설의 종류와 구조에 따라 분류하는데 이는 고분 축조 방법이 시기에 따라 변천되는 것으로 이해할 수 있다. 즉 1970~1980년대 경주지역의 조양동고분군, 경산 임당동고분군, 부산 복천동고분군, 김해의 예안리고분군과 양동리고분군을 발굴하면서 목관묘, 목곽묘, 적석목곽묘 또는 수혈식석곽묘 등의 발굴하게 된다. 그 결과 신라와 가야 고분의 축조 과정을 목관묘 단계, 목곽묘 단계, 적석목곽묘 또는 수혈식석곽묘가 축조되는 고총 단계, 그리고 석실분 단계 등으로 정리하게 되었다.

먼저 경산 임당동, 대구 팔달동, 김해 양동리, 김해 대성동 등 고분 발굴 조사를 통해 B.C.2세기 무렵부터 A.D.2세기 중엽까지 사용된 목관묘의 구조를 확인하게 되었다. 목관묘는 당시 소국(小國)의 지배집단에 의해 축조된 것으로 검, 창 등의 무기와 한경, 방제경 등의 청동기, 철제 무기와 농공구류, 고식 와질토기가 부장된다. 최근 경산 양지리에서는 당시 최고 지배자의 목관묘가 발굴되어 그 구조를 밝히는가 하면 탁월한 유물의 부장으로 주목받은 바 있다.

목곽묘는 김해 양동리 162호, 울산 하대 44호묘, 경주 조양동고분군, 포항 옥성리고분군 등의 발굴을 통해 2세기 중엽에 출현하여 4세기 후반, 일부 지역은 5세기 전반까지 유행한 묘제임을 확인할 수 있었다. 이 무덤은 능선의 주축선상에 입지하며 무덤의 규모는 비약적으로 커진다. 무덤에는 대부호나 노형토기 등 신식 와질토기가 부장되며 철제 무기와 철 소재, 장신구인 옥 등이 대량으로 부장된다.

목곽묘는 3세기 후반이 되면 부곽이 설치되어 훨씬 더 많은 유물을 부장하게 되고 경주형(또는 신라식)목곽묘와 김해형목곽묘로 그 형태가 구분된다. 이 고분에는 새로운 기술로 제작된 도질토기가 와질토기와 함께 부장되고 철 소재뿐만 아니라 갑옷과 같은 무기류나 농공구류 등의 철기, 수정, 마노 등의 옥류도 대량 부장된다. 또한 순장이 발생하기도 한다.

4세기 후반이 되면 신라와 가야는 각 지역마다 각각 다른 묘제로 고분을 축조하며 5세기 들어서면 거대한 봉분을 가진 고총이 출현하여 유행한다. 경주지역에서 발생하여 고총단계 동안 사용된 적석목곽묘는 신라를 대표하는 묘제이며 다른 지역과 달리 평지에 축조된다. 여기에서 출토되는 각종 금, 은제의 위세품은 이들의 신분을 상징하며 여러 명의 순장자를 매장하기도 한다.

적석목곽묘의 계통에 대해서는 고구려 적석총의 적석기법, 북방 아시아에서 기원, 자체 발생한 후 점진적인 확대 발전 등 다양한 의견이 제시되었으며 오랜 논쟁으로 지속되고 있다. 왜냐하면 이 계통에 대한 이해는 그것을 둘러싼 정치·문화적 해석도 달리하며 적석목곽의 등장 시기, 나아가 신라 고분의 편년 안에도 영향을 미치기 때문이다. 또한 이러한 적석목곽묘가 처음 경주에서 발생한 후 부산, 창녕, 경산, 포항 등으로 그 분포범위가 확대되어 가는 현상도 확인되는데 이를 신라영역의 표징으로 이해하기도 한다.

낙동강 동쪽의 신라권 지방에는 대부분 수혈식석곽의 구조를 한 고총이 축조된다. 수혈식석곽은 전시기 소형 무덤에 축조된 묘제를 대형화하고 목곽묘의 속성을 이어받아 축조한 묘제다. 하지만 창녕지역에서 먼저 축조되어 확산된 횡구식석곽묘는 추가장을 위한 묘제로 전환되어 유행한 묘제다. 이러한 고총 단계의 묘제는 축조 재료나 주부곽의 배치 등에서 지역마다 다른 형식을 취하고 있으며 이러한 다른 형식이 지속되어 나타나는 경향이 강하다. 또한 각 지역에서 출토되는 토기도 각 지역 양식을 따르고 있어 각 지역이 독자적인 묘제와 토기 생산체제를 갖추고 있었음을 추론할 수 있다.

동시기 가야지역에는 수혈식석곽묘가 주묘제로 축조되었다. 석곽의 입지나 그 구조는 신라권과도 유사하지만 축조 재료나 주부곽의 배치에서는 지역마다 독자성을 가지고 있다. 그리고 부장품에서는 신라권과 비교해 볼 때 철제 무기류가 상당히 중요한 위치를 차지하며 위세품도 그 형식

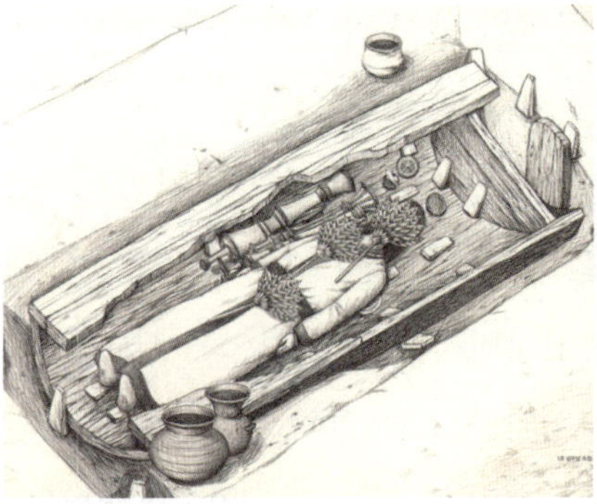

» 경산 양지리1호 목관묘 추정도
(출처 국립대구박물관 2020)

» 경주 천마총(적석목곽분) 발굴 전경
(출처 천마총(1974) 보고서)

» 경산 임당A-2지구 2호 석실묘
(출처 한국문화재보호재단)

» 경주 탑동 목곽묘

» 경산 임당1A호 암광목곽묘(출처 한빛문화유산연구원)

이 다소 다른 편이다. 이러한 현상은 가야의 각 지역에서 각각 독립된 정치체가 발전하였음을 알려주는 근거로 볼 수 있다.

이후 신라의 지방에서는 횡구식석곽묘나 횡구식석실묘가 간헐적으로 도입되며 5세기 후반쯤에 횡혈식석실묘도 출현하였으나 주묘제로 채택되지는 않았다. 그리고 6세기 전반을 지나면서 신라와 가야의 모든 지역에서 석실묘의 축조가 유행한다. 석실묘의 축조로 인해 추가장이 시행되고 후장이나 순장의 습속이 사라지고 무덤의 규모도 작아지고 부장품도 빈약해졌다. 즉 무덤 축조에 따른 사회적인 비용이 훨씬 줄어들게 된 것이다. 이러한 현상은 신라가 각지에 지방관을 파견하여 직접 통치하는 통치체제의 변화와 맞물려 나타나는 현상이다.

23

## 고분의 축조 시기와 편년

고고학에 입문한 지 얼마 안 되어 선배들을 따라 문화재 지표조사를 한 적이 있었다. 현장 경험이 많던 선배들은 토기 조각 몇 점을 주워 들더니 이건 청동기시대 무문토기이고 저건 신라시대 경질토기라며 설명하였다. 심지어 조금 형태가 더 남아 있는 삼국시대 토기는 4세기대 것인지 5세기대 것인지 구분하기도 했다. 당시 이러한 선배들의 확신에 찬 설명에 과연 그럴까 하고 의심하기도 했다. 동시에 '나도 앞으로 열심히 공부하면 유물의 조각을 보고도 연대를 알아맞히는 신통한 능력을 갖출 수 있겠구나' 하는 생각을 한 적이 있다.

고고학에서 '편년'이란 유적에 축조된 유구와 그 속에서 출토된 유물을 대상으로 시간적 선후관계 따져 연대를 부여하는 것을 말한다. 고고학자들이 편년에 주목하는 이유는 그 문화의 기원이나 전파, 이주나 문화변동 등을 설명할 수 있는 기초 자료이기 때문이다.

편년 연구에 있어 주요한 기초 개념 중 하나가 '순서배열법'이라는 것인데 이는 인간이 제작하여 사용하는 모든 종류의 물건은 어느 시점에 나타나 점차 그 유행이 증가하여 최고조에 달한 후 다시 감퇴하여 결국 사라지는 과정을 겪는다는 것이다.

신라·가야 고분 연구에서 가장 큰 쟁점 중 하나가 바로 고분의 편년 문제인데 이는 토기를 비롯한 유물의 편년과 직결된다. 특히 고분의 축조 연대나 무덤 주인공이 명시된 자료가 거의 출토되지 않은 신라와 가야의 고분에서는 고분의 연대 판단에 출토유물의 분석을 적극 이용하고 있는 실정이다.

사실 기년을 알려주는 자료가 전혀 출토되지 않은 것은 아니다. 일제강점기에 서봉총 발굴에서 출토된 은합의 명문(延壽元年太歲在卯三月中 太王敬(敎)造合于用三斤六兩 延壽元年太歲在辛三月中 太王敬(敎)造合于用三斤六兩)에서 기년을 나타내는 신묘(辛卯)년이 있어 이를 391년 또는 451년으로 추정된 바 있다. 또 해방 이후 호우총의 발굴에서 출토된 호우의 명문(乙卯年國岡上廣開土地好太王壺杅十) 가운데 기년인 을묘(乙卯)년은 415년으로 판단되어 고분의 연대 결정에 이용되었다. 그러나 이들 명문이 출토된 유물이 고분의 축조기 즈음에 제작되어 고분에 부장된 것이 아니라 상당 기간 전세되어 고분에 부장되었을 가능성이 커서 신라 고분의 연대 결정에 결정적인 자료가 되지 못했다. 다만 대략적인 고분의 축조 연대를 가늠하는 자료로 활용될 수 있을 뿐이었다.

이러한 상태에서 신라와 가야 고분의 연대는 출토유물의 형식을 구분하여 그 선후를 구분하고, 그 가운데 외래계 유물 등 연대를 비정할 수 있는 유물을 기준으로 편년하는 것이 대세였다. 이러한 유물 분류를 통한 고분 축조 연대의 추정은 1970~1980년대를 지나면서 장기간에 걸쳐 축조된 고분군이 발굴되면서 활기를 띠었다. 무엇보다 김해 예안리고분군은 고분의 상대서열을 분기로 나누어 파악하는 기초자료가 충실하여 그 시발점이 되었다. 이후 부산 복천동고분군, 경산 임당동고분군, 합천 옥전고분군 등 대규모 단일 고분군이 발굴되면서 고분의 상대서열이 자리 잡혔고 지역적 연대기도 설정되기 시작했다.

특히 1980년대에 발굴된 경주 월성로고분군 발굴 자료는 이후 지속적으로 학계의 관심을 받아 신라고분 연대의 설정에 중요한 역할을 하였다. 예를 들어 고구려 녹유호나 고구려 계통과 비교되는 재갈이 출토되었고 화려한 금공품의 출현을 알려 주기도 하였다. 또한 일본제 석천이나 일본의 하지키계 토기가 출토되어 해당 유물의 원산지 연대가 참조되어 신라고분 편년의 기준으로 활용되었다.

1990년대 이후에는 이러한 자료들이 바탕이 되어 지역별, 권역별 고분자료가 분석되면서  고분 편년의 틀을 잡을 수 있게 되었다. 즉 신라고분 전체의 편년, 금관가야권이나 대가야권의 편년, 함안 아라가야 고분, 의성·성주지역 고분의 편년 등이 속속 발표되었다.

이러한 편년 틀에도 불구하고 아직 구체적인 연대의 결정에는 연구자 사이에 차이가 존재하고 있다. 예컨대 경주 신라고분의 경우 황남동 109호 3·4곽 → 황남동 110호 → 황남대총 남분 → 황남대총 북분 → 천마총 → 호우총 → 보문리 합장분과 같은 상대서열에 대한 의견은 대체로 통일되었다. 하지만 그 각각의 구체적인 실연대는 연구자마다 50~60년 정도 차이를 보이면서 평행선을 달리고 있다. 왜냐하면 고분에서 출토되는 유물 가운데 주요 금공품과 마구 등의 제작 전통이 고구려에서 유입된 것으로 보는데 광개토왕의 남정에 의해 영남지방에 유입되었다는 견해와 그 이전부터 신라와 고구려의 교섭 사실이 있기 때문에 고구려계로 보이는 이들 유물의 유입이 훨씬 더 이른 시기에 이루어질 수 있다는 견해가 대립하면서 좀처럼 합의점을 찾지 못하기 때문이다.

이렇듯 고고학계에서는 편년의 문제가 열띤 논쟁거리인 동시에 논문의 주제로 인식되어 왔다. 하지만 최근에는 개인 연구자 또는 지역 학계, 대학에 따라 형성된 그룹 사이에 연대를 달리 보는 경향이 고착화되는 것을 볼 수 있다. 심지어 더 이상 쉽게 합의될 수 없는, 결론을 도출할 수 없는 논쟁으로 인식되어 토론의 대상으로 삼지 않는 경우도 있다. 결과적으로 최근 고고학자들은 유물 편년 연구에 더 이상 치중하지 않고 고분 고고학의 본질적인 의미 즉 고분 축조 과정이나 유물 부장의 의미, 고분의 사회적·정치적 의의, 제의 행위의 분석 등 당시 삶의 모습을 복원하고 해석하는 데에 힘을 쏟고 있다.

»신라식 고배(굽다리접시)의 변화 양상1

»신라식 고배(굽다리접시)의 변화 양상2

»개(뚜껑)의 다양한 문양

»신라식 (대부)장경호의 다양한 형태

»각종 제사토기

# 신라의 성립과 발전 과정

1970~1980년대를 지나면서 우리 지역의 고분 발굴이 성행하였고 이로 인해 각 지역의 고분 축조 연대가 가닥을 잡아가면서 지역사적 관점의 지역 사회상 복원이 시작되었다. 그리고 신라의 중앙인 경주와 각 지역 고분의 출토유물에 대한 비교가 이루어지고 그 관계가 논의되기 시작하였으며 관계사적 연구도 진행되었다. 이러한 논의는 '신라가 언제 성립되어 어떤 과정을 거쳐 본격적인 고대국가로 성장하는가'의 문제와 연결되어 있기 때문에 신라와 가야 고고학의 본래 연구 목적에 부합하는 것이라고 할 수 있다.

1980년대 초 경주 구정동목곽묘가 발굴된 이후 경주와 그 주변지역, 그리고 영남 각 지역의 목곽묘 발굴이 이어졌다. 이를 통해 대략 기원후 3세기 중엽까지는 진·변한 각 소국이 병렬적 상태에서 경제적 관계를 기반으로 다소 느슨한 정치적 관계를 형성하고 있었다고 보았다. 그러다가 4세기 초나 전반 즈음에 사로국을 정점으로 하여 각 소국이 그 하위에 배치되며 지배와 피지배라는 새로운 관계가 형성되는 것으로 이해하였다. 이를 신라사회의 성립이라고 할 수 있다.

신라사회의 성립을 고고학적으로 증명하는 것이 기원후 3세기 말 또는

4세기 초 경주와 주변 지역에서 출현하는 신라식목곽묘다. 또한 4세기 전반에는 적석목곽묘가 출현하고 얼마 지나지 않아 고총이 등장한다. 이러한 고분(고총)에는 각종 금속공예 위세품과 신라양식의 토기가 부장되는데 이 무덤들의 분포는 금호강 이남의 낙동강 이동지방과 금호강 이북의 낙동강 이동·이서지방이라는 범위에 해당한다.

특히 금속공예 위세품은 각 지방의 고분에서 출토되는 것과 경주지역 고분 출토품과 그 양식적인 면에서 별 차이가 없어 경주에서 제작되어 분여된 것으로 이해되고 있다(최근에는 각종 위세품이 지방에서 제작되었을 가능성이나 지방의 주도적인 입장에서 위세품을 취득하였다고 보는 입장도 있다). 즉 신라가 대략 4세기 후반에는 신라권역을 장악하고 지방 지배를 개시하였던 것으로 추론하고 있다. 참고로 이러한 신라 성립 배경은 경주가 철과 소금을 장악하고 물자를 집산하였던 육로 관문이었기 때문에 지정학적으로 아주 유리한 조건에 있었다고 할 수 있다. 또 이 시기 신라가 광역의 정치체로 성장하는 과정을 신라식목곽묘에서 출토되는 유물 즉 고식 도질토기, 갑주

≫ 경주 대릉원 일원 전경(출처 국가유산청)

등 철제 무기, 곡옥 등 위세품의 확산 과정으로 설명하기도 하였다.

이후 고총이 출현하여 크게 성행하다가 쇠퇴하는 과정을 확인할 수 있는데 이를 통해서도 신라 국가의 형성과 발전 과정을 고고학적으로 이해할 수 있다. 즉 마립간기 지방통치방식을 흔히 간접지배방식이라 하는데, 신라가 광역의 정치체를 형성하면서 간접지배방식을 통해 지방을 통치함으로써 경주와 지방 사이의 관계나 지방 간에도 상호관계에 상당한 변화가 일어나게 되었다는 시각이다. 이는 4세기 중엽 신라만의 독특한 묘제인 적석목곽묘가 출현하여 지배층의 묘제로 자리잡는 과정과 부합된다. 왜냐하면 적석목곽묘에 나타나는 고고학적 현상은 고대사에서 마립간기라고 칭하는 시기와 일치하여 신라가 본격적인 국가로 출발하였음을 보여주는 징표로 이해하고 있기 때문이다.

이후 4세기 중후반부터 6세기 초반까지 경주 분지 내에는 황남대총, 서봉총, 금관총, 천마총 등과 같은 대형의 적석목곽분이 축조되며 신라고분의 실체 및 마립간기 왕릉의 존재를 명확하게 보여준다. 동시기 낙동강 이동의 여러 지방에서도 대형 고총고분군이 축조되는데 대구 달성고분군, 경산 임당동과 조영동고분군, 부산 복천동고분군, 부산 연산동고분군, 양산 북정리고분군, 의성 금성산고분군, 선산 낙산리고분군 등이 그것이다. 이들 고총은 각 지방의 지배자 집단이 축조한 것이지만 경주 중심지 고총의 규모나 부장품에는 훨씬 미치지 못하므로 신라 중앙의 집단과 상하의 위계를 두고 정치·경제적으로 밀접한 상관관계를 유지하였던 것으로 이해할 수 있다.

이후 신라의 고분은 석실묘로 축조된다. 이 시기는 신라가 이른바 중앙집권적 귀족국가로서 통치체제를 정비하고 율령을 반포하며 사회적 발전

» 경산 임당동과 조영동고분군 일대(촬영 석진화)

» 경산 임당동고분군 출토 금동관

» 부산 복천동고분군 전경(출처 국가유산청)

» 부산 복천동고분군 출토 금동관
(출처 국가유산청)

을 도모하는 시기로 6세기 중반 이후 삼국통일을 완성하는 7세기 중엽까지로 볼 수 있다. 이때에는 낙동강 이서 지역의 가야 세력을 정복하고 서쪽으로 백제와 국경을 마주하게 되었다. 나아가 한강유역에 진출하는 한편, 동해안을 따라 그 영역을 북쪽으로 확장하였는데 횡혈식석실묘와 단각고배 및 부가구연장경호의 존재가 이를 방증한다. 대표적인 유적이 충주 누암리고분으로 볼 수 있다. 하지만 7세기 후반에 들면서 경주와 그 주변 지역 일부를 제외하고는 점차 고분문화가 쇠퇴하게 되는데, 이는 신라가 삼국을 통일한 후 화장묘가 성행하면서 나타나는 현상으로 이해할 수 있다.

25

# 금관가야와 대가야의 실체와 영역

2013년 고령과 김해·함안이 가야고분군을 유네스코 세계유산 잠정목록에 등재하면서 가야고분군을 세계유산으로 등재하려는 노력이 시작되었다. 오랜 노력 끝에 김해 대성동고분군, 함안 말이산고분군, 합천 옥전고분군, 고령 지산동고분군, 고성 송학동고분군, 남원 유곡리와 두락리 고분군, 창녕 교동과 송현동고분군 등을 등재 대상 고분군으로 최종 선정하였고 최근에는 이 가야고분군을 유네스코(UNESCO) 세계유산(World Heritage)으로 등재되었다. 세계유산으로 등재된다는 것은 특정 국가나 민

››› 김해 대성동고분군 발굴 모습(출처 가야고분군 세계유산등재추진단)

족의 유산을 넘어 인류 전체가 보호해야 할 중요한 유산이 된 것으로 이해할 수 있다.

그런 의미에서 발굴을 통해 알게 된 가야 중 전기가야를 대표하는 금관가야와 후기가야를 대표하는 대가야의 실체와 영역에 대해 살펴보자.

1990년부터 수차례에 걸쳐 발굴된 김해 대성동고분군은 김해 가락국의 중심고분이 조사되지 않아 김해가 과연 가락국의 중심지인가 하는 회의론까지 대두되던 때에 그러한 의심을 완전히 잠재우고 금관가야의 실

» 김해 대성동고분군 전경(출처 가야고분군 세계유산등재추진단)

» 김해 대성동고분군과 주변 전경
(출처 가야고분군 세계유산등재추진단)

» 김해 대성동고분군 출토 청동거울
(출처 가야고분군 세계유산등재추진단)

» 김해 대성동고분군 출토 청동솥
(출처 가야고분군 세계유산등재추진단)

체를 규명하는 중요한 곳이었다. 즉 대성동고분군에서 왕묘로 볼 만한 고분이 발굴됨으로써 금관가야의 실체를 규명하는 결정적 단서가 되었다. 또한 이 시기에 구야국의 중심지가 양동리고분군에서 대성동고분군으로 이동한 것으로 파악할 수 있었다.

대성동고분군에서 출토되는 4세기대 '금관가야양식' 토기의 특징은 노형기대와 외절구연고배, 그리고 격자타날호 등으로 이해할 수 있다. 이러한 유물의 분포로 볼 때, 금관가야는 옛 김해만을 중심으로 주변의 진영, 진해 일대를 장악했던 것으로 보이며 전기가야의 중심국으로 이해할 수 있다.

이후 복천동고분군이 발굴조사되면서 금관가야와의 관계가 논의되었다. 즉, 복천동고분군이 5세기 이전까지 금관가야와 동맹관계를 유지하였으나 고구려 남정을 전후해 신라 문물이 집중적으로 이입되었다고 보았다. 특히 옛 김해만 일대에는 더 이상 대형 고총고분군이 축조되지 않고 금관가야양식 토기가 소멸되며 신라양식토기가 출현한다는 점에서 금관가야가 쇠퇴하고 이 지역에 신라의 영향력이 증대되었다고 이해할 수 있게 되었다.

그러나 연대관의 문제와 결합하여 4세기 후반에는 이미 복천동 집단이 신라의 영향력 아래 들어갔다는 의견이 제시되기도 하였다. 그런가 하면 6세기 초에 축조된 창원 다호리B1호분의 사례처럼 이때까지도 가야양식의 토기와 마구가 확인되기도 하는데 이는 금관가야의 중심 읍락이 김해 중심지에서 이 고분군의 배후지인 진영 일대로 옮겨져 신라에 투항할 때까지 존속한 자료로 이해하기도 한다.

후기가야를 대표하는 대가야에 대해서는 고령 지산동고분군 발굴과 주변 지역 발굴을 통한 대가야 영역에 관한 연구가 주목된다. 즉 그동안 발굴된 지산동고분군에서 '대가야양식'으로 불리는 여러 종류의 토기류와 금동제 환두대도, 마구, 금동제 관, 금제 이식 등 장신류, 마구, 무기 등이 출토되었는데, 이러한 출토유물과 못과 꺾쇠로 결합한 목관의 사용, 세장방형 수혈식석곽, 순장 등 묘제의 특징이 대가야 권역 설정의 기준이 된다.

발굴이 지속되면서 대가야권역의 확장과 관련한 논의도 깊어졌다. 1972년 함양 상백리고분군 발굴조사에서 대가야식 토기와 함께 철판갑옷이 출토되었으며, 1980년대에는 함양 백천리고분군과 남원 월산리고분에서 대가야식 묘제와 대가야양식의 토기가 발굴되었다. 1980년대 중반 합천댐 수몰지역 반계제고분에서는 이 지역 수장급 분묘로 추정되는 고총에서 순장과 함께 축소모형 농공구, 원통형 기대를 비롯한 대가야권 토기가 출토되어 이 지역이 이른 시기부터 고령의 대가야와 깊은 관계였음을 보여주었다. 1985년 국립진주박물관에서 발굴조사한 거창 말흘리고분군에서는 소형 석곽묘와 대가야양식 토기가 출토되었고, 1988년 진주 가좌동고분군, 1989년 하동 고리리고분군, 1989년 고성 율대리 2호분에서도 수혈식 석실 구조에 대가야양식 토기가 주류를 이루고 있어 대가야문화권이 넓게 형성되어 있음을 확인할 수 있었다.

또한 1988년에 조사한 남원 건지리고분군과 1989년에 조사한 두락리고분군에서도 대가야식 묘제에 대가야식 토기가 주류를 이루고 있어 이 지역까지 대가야권역에 편입되어 있었음을 알 수 있었다. 2000년에 발굴한 부림면 경산리고분 출토 토기도 대가야양식이 주류를 이루고 이른 시기에는 함안양식 토기, 뒤에는 신라양식 토기가 혼재되어 있다. 서부 경남의 함양 손곡리, 산청 묵곡리 등에서도 대가야 관련 고분이 조사되었고, 1995년 금강 상류의 소백산맥 서쪽 지역인 전북 장수군 천천면 삼고리고분군과 같은 수계의 진안군 용담면 월계리 황산리고분군에서도 대가야식 묘제와 토기가 주류를 이루고 있었다.

이러한 발굴성과를 통해 볼 때 대가야가 전성기를 누리던 5세기 후반에는 그 권역이 고령을 중심으로 황강 수계의 합천과 거창, 남강 수계의 함양, 산청, 운봉, 아영, 섬진강 수계의 남원, 임실, 곡성, 하동, 광양, 남해안의 여수와 순천, 금강 수계의 장수와 진안에 걸친 지역까지 이른다고 할 수 있다.

» 고령 지산동고분군 전경(출처 가야고분군 세계유산등재추진단)

» 고령 지산동고분군 73호분 발굴 모습
(출처 가야고분군 세계유산등재추진단)

» 고령 지산동고분군 전경
(출처 가야고분군 세계유산등재추진단)

» 고령 지산동고분군 전경
(출처 가야고분군 세계유산등재추진단)

26

# 순장과 순장 습속의 이해

기원후 4~5세기 때에 신라와 가야의 고분에서 순장이 행해졌음은 주지하고 있을 것이다. 순장은 왕이나 큰 권력을 가진 자가 죽었을 때 평소 그를 모시던 시종이나 하인을 죽여 무덤에 함께 묻는 습속을 말한다. 따라서 순장은 많은 부장품과 함께 타계의 생활이 현세와 연결된다는 사상에서 시행된 것으로 살았을 때의 권위를 죽어서도 가져간다는 의미다.

이러한 순장의 습속은 내세적 이데올로기와 차별적 신분제도가 두드러진 사회에서 '사람의 희생'에 대한 사회적 합의 또는 공감대가 형성되었을 경우 나타나는 현상으로 볼 수 있다. 즉 주피장자(무덤의 주인공)가 소유하고 있거나 봉사의 책임이 있는 종속 관계자를 함께 매장하는 장제다. 중국이나 고대 이집트 등 세계 여러 지역에서 약 5000년 전부터 시작되어 복합사회 또는 고대국가 형성 이후 점차 사라지게 된다.

신라·가야의 고분 발굴이 본격화되면서 순장에 관한 인식만 있던 상태에서 그 구체적인 증거를 확보할 수 있게 되었다. 영남지방 고분에 순장이 시행되었음을 처음 알린 것은 1977년 고령 지산동44·45호분의 발굴이었다. 이후 지속된 고령지역의 대형분과 부산 복천동고분군, 경산 임당동과 조영동고분군, 김해 대성동고분군과 창녕 교동고분군, 함안 도항리·말산리고분군 등에서 순장의 흔적이 명확하게 확인되었다.

가야의 순장은 3세기 중엽 김해 대성동고분군에서 최초로 확인되었는데 도질토기의 발생과 그 시기가 비슷하다. 이후 4세기 전엽 대성동13호분에서는 3인, 4세기 후엽 대성동1호분에서는 5인의 순장이 확인되었다. 5세기 전엽 고령 지산동75호분에서는 10인 전후, 30호분에서는 5인 전후가 확인되었다. 그러다가 5세기 말 지산동44호분에서는 30인 이상의 순장자를 매장하며 순장이 극대화된다. 지산동44호분 주석실과 부장실 2기, 순장 석곽 32기에서 적어도 35인 정도가 순장되었는데, 이는 삼국시대 확인된 순장 중에서 가장 많은 수에 해당한다. 5세기 말에서 6세기 초에 조성된 45호분에서는 13인 이상이 순장되었다. 이들 순장자의 신분은 비교적 높은 계층도 확인되었고 왕의 호위 무장(武將)이나 왕의 근시(近侍) 등 순장자의 성격도 추정되었

≫ 고령 지산동75호분 순장묘 전경(출처 대동문화재연구원)

≫ 고령 지산동73호분 전경(출처 대가야박물관 2015)

≫ 고령 지산동73호분 순장 모습(복원)
(출처 대가야박물관 2015)

다. 이 발굴은 대가야 순장의 이해 및 대가야 묘제 및 역사 연구를 본격화 시키는 계기가 되었다. 또한 다양한 가야 고분 순장 습속은 최고 권력자의 위계에 따라 순장자의 수와 신분이 규제되었던 것으로 추정하기도 한다.

신라의 경우는 4세기 초에 축조된 경산 조영1A-19호 목곽묘에서 가장 이른 순장이 확인되며 경주 정래동2곽·3곽, 경산 조영1B-60호의 사례를 볼 때 신라식목곽묘의 출현 시기에 순장이 시작되었을 것으로 추정된다. 이후 경주 황남대총의 경우 남분과 북분에서 각각 10인 정도가 순장된 것으로 파악하고 있으며 경주를 비롯해 부산, 양산, 창녕, 경산, 대구, 성주, 의성, 영덕지역 등 신라권 전체에서 순장이 확인된다. 이를 통해 볼 때, 순장 습속은 신라 고총의 보편적인 장법으로 사용되었다고 할 수 있다.

≫ 경산 조영동고분군 부곽 순장 사례

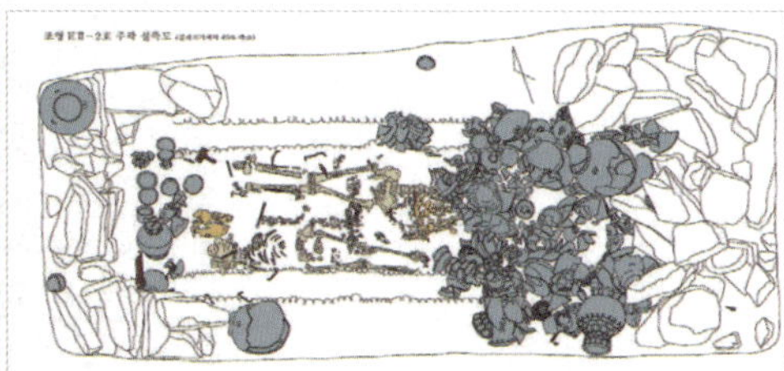

≫ 경산 조영EII-2호 주곽 순장자(2명) 모습

발굴을 통한 순장 자료가 증가함에 따라 각 권역별 또는 지역별 순장자의 배치 형태나 그 규모 등을 밝히는 연구가 여러 차례 진행되었다. 또한 순장자의 신분이나 성격 등에 관한 연구도 활발해졌는데 고분에서 확인된 고인골을 통한 연구에 기반하기도 한다. 즉 순장의 대상이 노비나 전쟁의 포로라기보다 최고 권력자의 근친자로 시동이나 시녀, 첩이나 유모 등이었음을 알 수 있었다. 또한 호위무사나 재산관리자, 식모나 단야 장인과 같은 특수한 일에 종사한 사람들일 가능성도 제기되었다. 그런가 하면 이들이 귀중한 금속 장신구를 착용하고 있음을 통해 사회적 계층이 그리 낮지 않았음과 이들의 죽음을 애도하는 장례가 베풀어졌음을 주장하기도 하였다.

최근에는 순장 인골에 대한 연구가 더욱 활발해지면서 성별이나 연령 분석뿐만 아니라 성장과 발육 상태, 식생활과 영양 상태, 출산이나 질병 등을 확인하기도 하였으며 DNA 분석을 통한 순장자 간의 가족관계도 복원하고 있다. 심지어 법의인류학, 해부학, 미술학 등의 전문가들이 함께 고대 순장자들의 법의학적 얼굴복원 연구도 활발히 진행되고 있다.

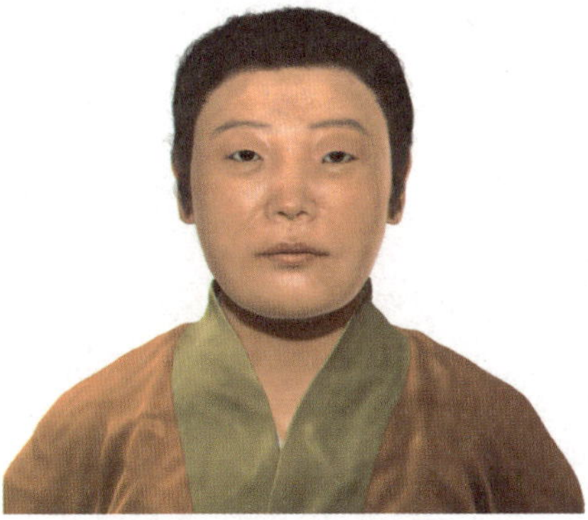

››› 순장자의 얼굴복원
(경산 임당동 6A호 순장자, 여성, 21~35세)

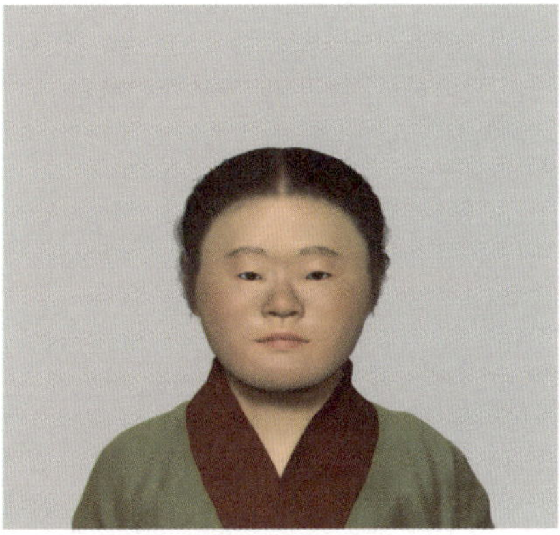

››› 순장자의 얼굴복원
(경산 조영동 EIII-8호 순장자, 15세 전후)

기원후 6세기 전반, 신라·가야가 고대 사회로 발전하면서 순장은 결국 사라지게 된다. 이 시기 『삼국사기』의 순장 금지 기록이나 법흥왕대 불교의 공인, 율령의 반포, 지방관 파견 등의 제도 개혁도 순장 습속의 소멸을 뒷받침한다. 신라·가야 사회에서 짧게 성행하다가 사라진 순장 습속은 당시 최고 지배자들이 가진 정치권력의 정당성을 다양한 정치, 경제, 사회,

사상적 도구들을 통해 어떤 양상으로 확대, 재생산되는지를 보여주고 당시 사회는 이러한 제도 또는 규범을 어떻게 인정하고 있는지를 볼 수 있다. 이런 면에서 보면 21세기 우리 사회에서도 이와 유사하거나 또 다른 형태의 순장이 이루어지고 있는 건 아닌지 유심히 살펴볼 일이다.

# 5장

# 대구의 역사와 고분으로 본 대구 사람들

27

# 선사시대의 대구:
# 언제부터 대구에 사람이 살았나?

대구지역에는 언제부터 사람이 살기 시작하였을까? 이 질문에 대한 해답을 찾기 위해서는 고고학 자료를 살펴볼 수밖에 없다. 다행스럽게도 최근까지 대구지역에 사람이 거주한 사실을 밝힐 수 있는 고고학적 발굴이 지속적으로 발표되고 있다.

2000년대 이전에는 대구의 역사를 청동기시대였던 기원전 10세기경에 시작되었다고 보았고 그 역사가 약 3000년 정도 되는 것으로 인식하던 때가 있었다. 하지만 2001년 국립대구박물관에서는 『대구 오천년』이라는 특별전을 개최하게 된다. 이 전시에서는 그 당시 새롭게 발굴된 대구 상동유적과 서변동유적의 신석기시대 빗살무늬토기 등을 근거로 대구 역사의 시작을 5000년 전으로 새롭게 인식하게 되어 '대구 오천년'이라는 제목을 내걸었던 것이다.

2000년대 들어서는 서변동유적에서는 신석기시대 빗살무늬토기가 발굴되었을 뿐만 아니라 월성동에서 구석기시대 유적이 발굴됨에 따라 대구지역 인간 활동의 역사를 약 2만 년 전까지 올려볼 수 있게 되었다. 그 외에도 대구 월성동 777-2번지 유적이나 달성군 도동리유적, 고령군 다산면 곽촌리·상촌리유적, 성주군 선남면 소학리·관하리유적에서 구석기

» 달성 감문리 구석기유적 1구역 전경 (출처 동국문화재연구원 2019)

» 달성 감문리 구석기유적 2구역 피트5 전경(출처 동국문화재연구원 2019)

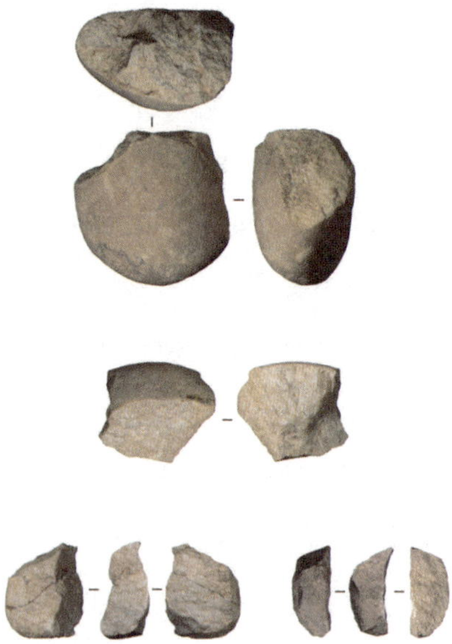

» 달성 감문리 구석기유적 1구역 웅덩이 출토유물 긁개, 뚜르개, 밀개, 불탄 돌 (출처 동국문화재연구원 2019)

» 달성 감문리 구석기유적 2구역 출토유물 주먹대패, 긁개, 격지 (출처 동국문화재연구원 2019)

시대 중기로 추정되는 다면석기, 찍개, 자르개 등이 출토되었으며, 칠곡 석적면 중리유적에서도 르발루아 돌망치, 찍개 등이 확인되었다. 이 유적들은 대구와 그 주변에서 구석기시대부터 사람들이 살았음을 보여주는 아주 중요한 유적이라고 할 수 있다.

특히 2017년 3월부터 6월까지 실시된 대구 달성군 하빈면 대구교정시설 건립공사 부지인 달성 감문리유적 발굴조사에서 대구에서 가장 이른 시기인 중기구석기시대 유적임이 밝혀지면서 이제는 대구 역사의 시작을 약 5만~7만 년 전까지로 추정할 수 있게 되었다.

››› 신석기시대 서변동 출토 빗살무늬토기 (출처 국립대구박물관 2001)

››› 신석기시대 서변동 출토 빗살무늬토기 (출처 국립대구박물관 2001)

우리나라에서는 청동기의 사용, 정착 생활과 농경의 본격화, 지석묘와 석관묘 등 새로운 묘제의 출현, 사회 분화와 사회적 불평등의 진행, 사회적 갈등의 증대와 통합 필요성의 증대와 같은 정치·사회적 특성이 드러나고 무문토기 문화가 출현하는 것을 청동기시대의 시작으로 본다. 그 시기는 기원전 10세기 전후에 시작하여 철기가 북한의 서북지역에 출현하는 기원전 300년 전후에 끝이 난다고 볼 수 있다.

청동기시대 유적으로는 지석묘와 주거지가 대표적인데 대구지역에는 골아가리토기와 공열문토기가 출토되는 주거지와 많은 지석묘군이 존재하고 있는 것으로 보아 청동기시대 초기부터 여러 곳에서 정착 집단이 생활하였음을 추정할 수 있다.

최근 발굴조사에서는 생활유적도 많이 확인되었다. 청동기시대 생활유적은 주거지와 토기 및 석기 산포지가 대표적인데 주거지는 대봉동, 월성동, 동천동, 시지동, 서변동, 상동 등에 많이 분포하고 있다. 토기 및 석기 산포지로는 신천의 하류역인 금호강과 합류하는 지점에 위치한 연암산유적과 침산유적 등이 대표적이다.

주거지 유적 중 월성동과 팔달동유적은 구릉 위에 입지하고 서변동, 상동, 대봉동, 동천동 등의 주거지는 하천변 충적대지에 위치하고 있는 것으로 보아 당시 대구지역에는 구릉이나 하천변 충적대지에 사람들이 주로 거주하였음을 알 수 있다. 주거지에서는 화살촉, 간돌검, 도끼, 반달칼, 돌낫, 굴지구 등 수렵과 농경도구로 사용된 석기들이 많이 확인되고 있다. 그런가하면 동천동유적에서는 청동기시대 경작유구도 확인된 바 있어 당시 대구지역 사회의 생업은 농경과 수렵, 어로, 채집 등이었으며 농경의 비중이 점차 높아졌음을 추정할 수 있다.

대구의 대표적인 청동기시대 취락유적으로는 서변동유적과 대봉동유적이 있다. 서변동유적은 동화천 근처의 충적평야지에 신석기시대 주거지와 집석 유구, 청동기시대 주거지 47동을 비롯해 지상식 건물지와 돌널무덤 등 선사시대의 마을이 확인되었다. 이 마을은 청동기시대 이른 시기부터 늦은 시기까지 주거분포를 달리하며 사용된 유적이다. 대봉동유적은

» 청동기시대 대봉동 주거지 전경
(출처 국립대구박물관 2001)

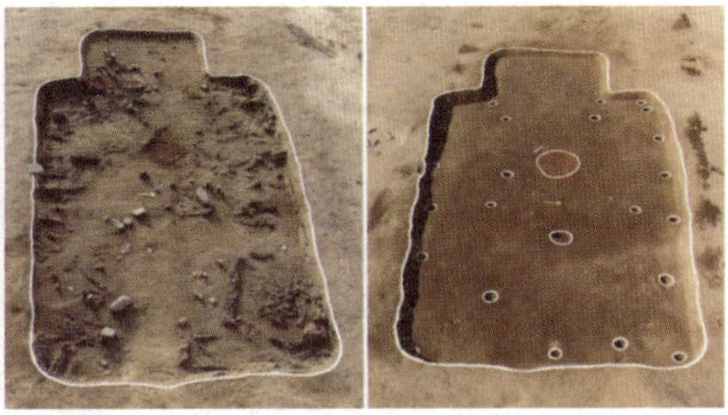

» 청동기시대 서변동 주거지 전경
(출처 국립대구박물관 2001)

» 청동기시대 대봉동 출토 무문토기
(출처 국립대구박물관 2001)

» 청동기시대 별모양도끼
(출처 국립대구박물관 2001)

» 청동기시대 대봉동 출토 석촉
(출처 국립대구박물관 2001)

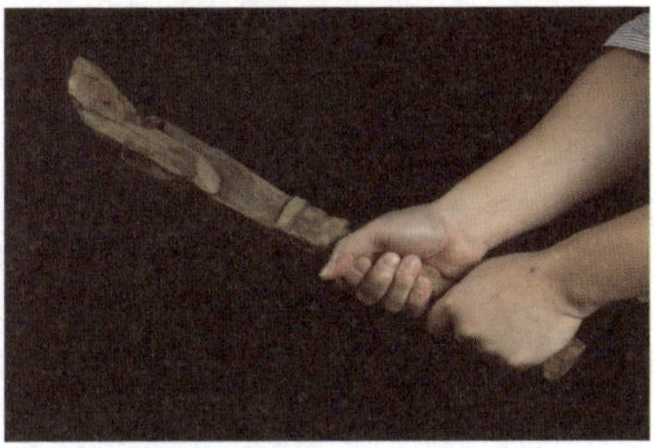

» 청동기시대 서변동 출토 도끼자루 쥔 모습

신천 서안의 충적지에 자리한 유적으로 주거지와 구덩이, 도랑 등이 확인되었다. 이 마을의 지리적 범위는 동서 500m, 남북 300m 이상으로 아주 큰 마을이라 할 수 있다.

대구에는 청동기시대 무덤을 대표하는 지석묘가 다수 분포하고 있는데, 각 권역별로 지석묘의 매장주체부 구조가 달라 각 집단마다 독자적인 세력을 형성하고 있었음을 알 수 있다. 지석묘는 입지와 지형 조건에 따라 4개 정도의 무리(群)로 구별할 수 있다. 첫째는 신천의 좌우안에 위치한 것으로 수성구 파동, 상동, 중동의 지석묘와 남구 이천동 지석묘, 중구 대봉동, 봉산동, 삼덕동의 지석묘, 칠성동 지석묘군 등이다. 둘째는 달서구 일원의 진천동, 월성동, 상인동 등지의 지석묘다. 셋째는 금호강 남안의 시지동, 매호동, 사월동 등지의 지석묘이며 넷째는 금호강 북안의 율암동, 동내동 등에 분포한 지석묘를 말한다.

이렇듯 청동기시대 유적의 분포나 출토유물에서 보면 이 시기 대구지역에는 신천과 금호강 충적지 위에 적지 않은 주민들이 거주했음을 알 수 있다. 그들은 취락을 형성하고 무문토기를 만들어 사용하면서 농경과 어로활동을 통해 생활을 꾸려나갔을 것이다. 그리고 대구지역 내 각 단위집단 내부에는 일정한 수준의 계급분화가 이루어져 있었을 것으로 생각된다. 왜냐하면 지석묘 자체가 개인을 위한 묘제이며 또 그것이 집단적인 노동력 동원을 필요로 한다는 점에서 지배자의 무덤으로 볼 수 있기 때문이다.

28

# 초기철기시대의 대구: 유력한 지배자가 나타났다

우리나라 고고학에서 선사와 고대를 구석기시대 - 신석시시대 - 청동기시대 - 초기철기시대 - 원삼국시대 - 삼국시대 - 통일신라와 발해 등으로 구분하고 있다. 이 중에서 특히 주목되는 것은 청동기시대와 삼국시대 사이에 초기철기시대와 원삼국시대를 설정한 것인데 기원전 300년, 기원전 100년과 기원전후, 기원후 300년이 중요한 기점으로 논의되어 왔다.

청동기시대는 무문토기와 지석묘, 석관묘 문화가 대표적인데 북쪽으로부터 새로운 철기문화가 전래되면서 이른바 초기철기시대로 진입하게 되는데 이 초기철기시대는 철기가 등장하면서 청동기가 점차 의기화되는 시기라고 할 수 있다. 즉 초기철기시대는 중국 전국시대(戰國時代) 연(燕)나라의 철기문화의 영향을 받아 우리나라 서북한지역에 철기문화가 들어오기 시작할 때부터 기원전 100여 년까지를 말한다. 그 시기의 하한을 1970년대에는 기원전후까지로 보았으나 최근에는 그 기원전 100여 년으로 조정하게 되었다. 이 시기는 먼저 대동강유역에 요령지방과는 다른 한국식 세형동검과 철제 무기, 농공구가 출현하면서 시작된다. 이는 대동강유역의 고조선과 위만조선의 철기문화권 형성을 반영한 것으로 볼 수 있다.

사실 초기철기시대는 '철기시대의 초기'라는 뜻으로 이해되기 때문에 시대 구분 용어로는 적절하지 않다는 의견이 있다. 또 한반도에 철기의 유입되는 것과 이미 정착되어 있던 청동기문화와 잘 구별되지 않기 때문에 초기철기문화에 후기 청동기문화가 포함되어 있어 매우 애매한 개념이다. 이렇듯 '초기철기시대'라는 시기 구분에 대해서는 이견도 있고 또한 몇 가지 약점이 있지만 한국고고학의 연구 성과를 효율적으로 전달하기 위해 필자도 이 시대 구분에 따랐음을 밝혀 둔다.

초기철기시대에는 이전의 청동기문화가 지속적으로 유지되거나 지역에 따라서는 더욱 발전하기도 한다. 또한 후기 고조선이 위만조선으로 이행하는 단계로서 화북 이남지역과의 전쟁이나 교류, 자체적인 경제·사회 발전을 통해 국가사회로 발전하는 단계라고 볼 수 있다. 동시에 그 주변지역에도 부여와 옥저, 삼한 등 여러 정치적 집단이 형성되고 있던 때다.

대구지역의 초기철기시대 유적으로는 무덤유적과 생활유적을 들 수 있다. 생활유적으로 추정되는 유물산포지는 주로 평지에 입지하고 무덤은 구릉에 분포하는 경향이 있다. 기원전 2세기경에는 지석묘 대신 목관묘가 축조되기 시작하며 흑도장경호와 삼각형점토대토기 등이 부장되어 전통적인 지석묘 사회와는 다른 양상이 나타난다. 그리고 기원전 1세기에 들어서는 동검, 동과, 동모 등 청동 무기류와 주머니호 등의 토기와 철검, 철모, 철부 등 철기류가 함께 위세품으로 부장된다.

그렇다면 이 시기 대구지역은 어떠했을까?

대구지역 초기철기시대의 문화적 특징은 철기의 수용과 다양한 청동기의 매납이라고 할 수 있다. 이는 당시 대구지역도 사회분화가 상당히 진전되었고 유력한 수장(首長)이 출현했음을 방증한다. 이 시기에 해당하는 대

››› 위원 용연동 출토유물(출처 국립중앙박물관 2007)

››› 틀에 부어 만든 쇠도끼
(경산 임당동 출토, 출처 국립대구박물관 2021)

››› 틀에 부어 만든 쇠도끼
(대구 학정동 출토, 출처 국립대구박물관 2021)

구지역의 고고학 유적은 비산동, 서변동, 만촌동, 신천동, 지산동, 평리동 유적 등이 있다.

먼저 와룡산 북쪽 말단의 평지에 위치한 비산동유적에서는 1956년에 동모, 동과, 조형검파두식 세형동검, 우각형 동기, 호형대구 등의 청동기가 발견되었으며, 그것이 점판암의 돌무지 속에서 나왔다는 출토 정황으로 미루어보면 무덤 부장품으로 추정된다. 서변동에서는 1964년에 어깨가

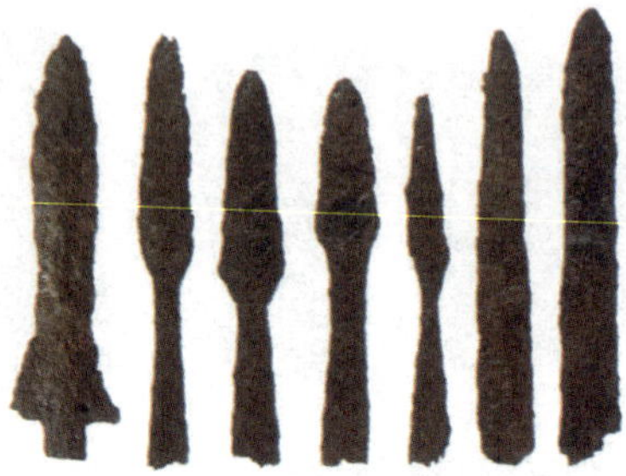

≫ 대팻날도끼
(대구 월성동 · 팔달동 출토, 출처 국립대구박물관 2021)

≫ 쇠끌, 쇠새기개, 쇠도끼
(대구 월성동 · 팔달동 출토, 출처 국립대구박물관 2021)

≫ 쇠꺾창, 쇠투겁창, 쇠칼
(대구 월성동 · 학정동 출토, 출처 국립대구박물관 2021)

있는 주머니형의 청동부(도끼)가 출토된 바 있고, 1966년 만촌동의 동촌유원지 내에서는 세형동검, 동과, 검파두식 등이 발견되었다. 또 1974년에는 동구 신천동 신천강변의 구릉 사면에서 동과, 동모, 동탁, 청동간두령 등이 발견된 바 있고, 수성구 지산동에서도 세형동검과 더불어 철정으로 추정되는 철제품이 나왔으며, 평리동에서는 세형동검, 동과, 동탁 등 다양한 청동제품이 수습되었다.

이와 같이 대구지역에는 기원전 3세기부터 기원전 1세기대로 편년될 수 있는 상당수의 유적이 분포하였고 다양한 종류의 청동기가 출토되었다. 이는 당시 대구지역에 거주했던 집단의 지배자들이 매우 귀중한 청동제품을 풍부하게 매납할 수 있을 만큼 정치적으로 성장하였음을 보여주는 것이다. 특히 평리동유적의 경우 청동제의 무기류, 마구류 등이 철기류와 함께 출토되고 있어 대구 분지 내에 유력자의 등장을 잘 보여주는 사례라고 할 수 있다.

다시 말해 초기철기시대 대구지역에 살던 사람들은 농경과 어로활동을 통해 생활을 영위하면서 취락을 이루고 있었으며 그 사회 단위집단 내부에서는 각종의 청동제품을 거의 독점적으로 사용하는 유력자가 성장해 가고 있었을 것이다. 이와 같은 권력의 집중과 사회 분화는 농경이 본격적으로 발달하면서 만들어진 잉여 생산물을 소유하는 경제체제에 의해 유지되었을 것으로 추정된다.

29

# 원삼국·삼국시대의 대구: 소국(小國)의 형성

원삼국시대는 한국고고학에서 사용되는 시대구분 명칭으로 초기철기시대에 뒤이은 시기를 말하는데 삼국시대의 원초적인 단계라고 할 수 있다. 이 시기 한반도의 북쪽에는 고구려가 국가 단계로 성장하고 있었고 남쪽에는 백제와 신라, 가야의 모태인 삼한이 있었던 때다. 또한 평양 일대에는 낙랑군이 세워져 중국 문화가 한반도로 들어오기도 하였다.

하지만 원삼국시대를 삼국시대 전기로 대신해 부르자는 견해도 있다. 왜냐하면 이 용어는 1~3세기를 역사시대로 보아야 한다는 지적, 원삼국이라는 개념이 고구려, 백제, 신라를 포함하고 있으나 실제는 고구려를 제외한 지역의 문화를 취급하고 있다는 점, 원삼국시대를 대표하는 문화의 내용이 학자 간에 달라 그 정의가 불분명하다는 점 등이 지적되어 왔기 때문이다.

원삼국시대는 종래 고고학에서 김해시대 또는 웅천기 등으로 불려왔고, 역사학에서의 삼한시대, 부족국가시대, 성읍국가 등이 이에 해당된다고 할 수 있다. 이 시대의 실제 연대는 기원전 100여 년부터 기원후 300년까지로 볼 수 있다. 하지만 고고학의 편년은 새로운 자료의 출현과 해석, 그리고 과학의 발달에 따라 보다 정밀하게 설정될 수 있는 만큼 원삼국시대라는 용어와 그 시기를 못 박아 둘 필요는 없으며 연구지역 또는 연구대상이 겪은 사회·문화변동에 따라 그 시기 설정을 탄력적으로 생각해 볼 필요가 있다.

원삼국시대의 문화적 특징은 청동기의 소멸과 철기의 발달 및 보급, 철제 농구와 소에 의한 농사의 발전, 그리고 저화도의 무문토기가 아니라 높은 온도의 단단한 회색 김해식 토기의 생산이라고 보았다. 이러한 변화는 낙랑군을 통한 중국 한(漢)문화의 자극에 의한 것이며, 특히 낙동강유역은 철을 생산하여 낙랑과 일본 등에 수출하기에 이르렀다. 이 시대의 유적으로는 집자리, 조개무지, 가마 등 생활유적이 있고, 무덤에는 나무널무덤(木棺墓)과 나무덧널무덤(木槨墓), 돌덧널무덤(石槨墓), 독널무덤(甕棺墓) 등이 있다. 유물에는 김해식 토기, 철기, 골각기, 장신구 등이 있다.

›› 원삼국시대 영남지역 출토 각종 철기(출처 대구문화예술회관 2009)

이러한 문화를 기반으로 한반도 남부지방에서는 기원전 100년 무렵부터 여러 개의 소국이 등장하였던 것으로 추정된다. 3세기 후반대의 사정을 전하는 『삼국지』 위지 동이전에는 한반도 남부에

›› 원삼국시대 영남지역 출토 각종 철기(출처 대구문화예술회관 2009)

››› 원삼국시대 영남지역 출토 토기
(출처 국립중앙박물관 2007)

››› 원삼국시대 영남지역 출토 청동 거울
(출처 국립중앙박물관 2007)

››› 원삼국시대 팔달동유적 출토 유리목걸이
(출처 대구문화예술회관 2009)

마한, 진한, 변한이 존재하는데 마한은 54개의 소국으로, 진한과 변한은 각각 12개의 소국으로 구성되어 있었다고 기록되어 있다. 이 당시 대구지역에도 진한의 한 소국이 성립되었을 것이 틀림없다.

기원전 1세기경 대구지역의 고고학적 현상을 살피면 청동기와 철기의 부장이 크게 늘어나고 있는 점이 주목된다. 예컨대 세형동검을 비롯한 각종 청동기와 철기가 신천동, 평리동, 만촌동, 지산동 등지에서 출토되고 있는 것이다. 이러한 유물상의 변화는 기원전 1세기 무렵 대구지역에 지석묘 축조 단계와는 차이가 있는 유력자가 출현했음을 의미한다. 또한 이들 유력자가 이끄는 단위집단을 중심으로 보다 진전된 형태의 정치세력이 형성되고 있었음을 말한다. 이러한 정치적 유력자가 중심이 된 단위 정치세력들이 통합되면서 대구지역에도 소국이 등장한 것으로 추정된다.

›› 대구 달성유적과 달성고분군 일대(출처 대구광역시 중구 2000)

삼국시대의 대구 모습은 지역에 남아 있는 고분군과 토성을 통해 어느 정도 짐작이 가능하다. 즉 대구지역에는 달성동의 달성토성(현재의 달성공원), 봉덕동의 용두토성, 금호강변 복현동의 검단토성, 봉무동의 봉무토성 등이 남아 있다. 이들은 인접한 지역의 고분군과 밀접한 관련을 갖는 것으로 이해되고 있다. 다시 말해 달성토성은 달성고분군과, 용두토성은 대명동고분군과, 봉무토성은 봉무동고분군과 인접해 있다. 이는 고분군에 묻힌 피장자들이 각각 토성을 보유한 세력 집단이었으며 이들이 통합되어 대구지역에 소국이 성립되었음을 추정할 수 있다.

그렇다면 이 시기 대구지역의 사회 내부구조는 어떠하였을까? 삼한소국의 구조에 대한 연구에 의하면 하나의 소국은 원래 몇 개의 읍락으로 이루어진 일종의 읍락 연맹이었으며, 읍락 가운데 가장 우세한 읍락이 국읍으로서 소국의 중심지적 위상을 갖고 있었다고 한다. 이를 참조해서 보면 대구지역의 소국 역시 하나의 국읍과 몇 개의 읍락으로 이루어져 있었을 것이다. 이를 방증하는 것이 후일 신라가 대구지역에 설치되었던 군현의 구조다. 일반적으로 신라왕조는 복속한 소국을 군으로, 예하의 읍락은 성촌으로 체제를 조직하였기 때문이다.

여기서 대구지역의 고고학적 연구 성과와도 비교해 볼 필요가 있다. 현재까지 대구에서 확인된 고고학 유적의 분포를 살펴보면 대구지역의 대구현은 본래 달구화현으로 달성토성과 달성고분군으로, 팔리현은 본래 팔거리현으로 팔거산성과 구암동고분군으로, 하빈현은 본래 다사지현으로 죽곡리산성과 죽곡리고분군, 문양리·문산리고분군 등으로, 화원현은 본래 설화현으로 설화와 화원 성산동고분군, 화원토성 등으로 연결될 수 있다. 이들 중 규모나 수량 부장품의 내용 등에서 중심 집단은 달성고분군을 축조한 세력 즉 비산동·내당동 일대에 거주했던 세력이었을 것으로 추측하고 있다. 이 세력을 중심으로 팔거리, 다사지, 설화 등을 그 소속 집단으로 하는 정치세력이 존재하였을 것으로 추측해 볼 수 있다.

# 달성고분군:
# 고대 대구의 중심세력 집단

현재까지의 고고학적 연구 성과로 볼 때 대구의 중심은 달성고분군을 축조한 집단이었을 것으로 추측할 수 있다. 달성고분군은 1923년 강흥주(姜興周)라는 인물이 현재의 서문시장 부지에 택지를 조성하기 위해 토사를 채취하는 과정에서 다수의 고분 봉분이 파괴되었다. 이를 계기로 1923년 일본인 고이즈미아키오(小泉顯夫), 노모리켄(野守健), 사와슌이치(澤

»› 달성고분군의 위치와 범위(출처 세종문화재연구원 2018)

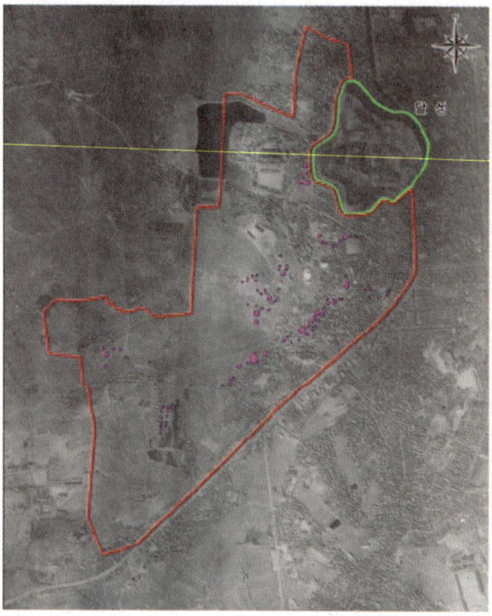


»1954년 달성고분군 일대(출처 세종문화재연구원 2018)

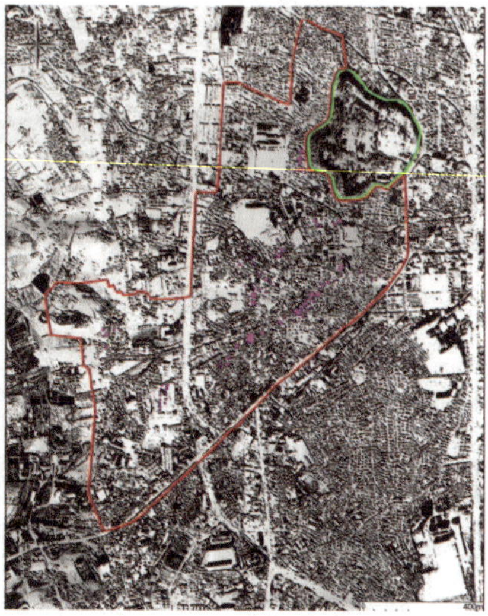

»1968년 달성고분군 일대(출처 세종문화재연구원 2018)

俊一) 등에 의해 봉토가 남아 있던 34·37·50~51·55·59·62호 등이 발굴되었다. 발굴 당시 총 87기의 봉토분이 확인되었는데 이에 대해 측량하였고 그 자료가 남아 있어 봉분의 규모나 위치를 대략 파악할 수 있었다.

달성고분군은 일제강점기 조사 당시에는 '달서면고분군'으로 명명되었다가 행정구역 변경에 따라 대구부(大邱府)에 편입되자 '비산동·내당동고분군'으로 불려졌다. 하지만 '비산동·내당동고분군'이라는 명칭으로는 이 고분군의 전체 범위를 포괄하지 못한다는 문제점을 보완하고 '달성(達城)유적'과의 관계를 고려하여 최근에는 '달성고분군'으로 부르고 있다.

달성고분군의 봉분은 대개 원형 또는 타원형이며 일부 표형분도 보인다. 봉분의 크기를 보면 대형(직경 16m 이상)이 18기, 중형(8.5~15m 정도)이 41기, 소형(8.5m 이하)이 17기 확인된다. 묘의 형태는 주곽과 부곽으로 구

»달성고분군 34호분 일대 전경(출처 국립중앙박물관)

»달성고분군 II군(37·50·51호) 전경(출처 국립중앙박물관)

»달성고분군 37호분 전경(출처 국립대구박물관)

»달성고분군 37호분 1곽 출토 금동관(출처 국립대구박물관)

»달성고분군 51호분 전경(출처 국립중앙박물관)

»달성고분군 55호분 석곽 평면도(출처 국립대구박물관)

»달성고분군 55호분 출토 장식대도(출처 국립대구박물관)

»달성고분군 55호분 출토 금동안교(출처 국립대구박물관)

성된 경우 주부곽을 '丁'자형으로 배치하였으며 주곽을 단독으로 축조하기도 하였다. 묘의 구조는 수혈식 또는 횡구식이며 돌로 곽을 짠 석곽묘가 대부분인데 크기가 아주 큰 판석을 많이 사용하였다.

주피장자를 위한 부장품으로는 금동제 '出'자형 관과 관모, 조익형 관식, 이식과 경식, 대장식구, 식리, 삼엽환두대도 등이 확인되는데 이러한 유물은 주피장자가 신라의 지방에서 최고 지배자의 지위에 있었음을 보여준다. 이 달성고분군은 5세기 중반에서 후엽에 집중적으로 축조된 것으로 판단된다.

일제강점기에 조사된 달성고분군의 고분 배치를 보면 총 7개소의 무리(群)로 나누었는데 이를 현재의 모습과 비교해 보면 다음과 같다. 먼저 달성 성벽의 남쪽에 위치하는 대구 대성초등학교 서쪽 일대에 6~11호분(Ⅳ군)이 위치하였다. 대성초등학교의 남쪽 큰장네거리 방향으로는 43~49호분(Ⅴ군)이 축조되었다. 큰장네거리에서 새길시장 방향으로 난 능선을 따라 길게 큰 고분이 줄지어 있었는데 여기에는 34~42호분과 50~70호분(Ⅱ군)이 확인되었다. 새길시장에서 반고개로 넘어가는 언덕, 현재 내당천주교회 부근에는 71~82호분(Ⅵ군)이, 구 대영학원(현 세종마트)에서 대구서도초등학교로 넘어가는 언덕에는 83～87호분(Ⅶ군)이 확인되었다. 대구제일고등학교의 남쪽 비산4동 행정복지센터 부근의 구릉에는 12~33호분(Ⅰ군)이 축조되었으며 대구서부초등학교와 달성의 서벽 사이에는 1~5호분(Ⅲ군)이 확인되었다. 이처럼 달성고분군은 달성(공원) 정문 복개도로에서 큰장네거리를 지나 새길시장, 반고개 언덕 일부, 구 대영학원(현 세종마트)에서 비산네거리 일대, 대구서부초등학교를 포함한 달성 서벽 부근까지 총 7개 군집으로 축조되었던 것을 확인할 수 있었다.

달성고분군은 분포와 규모 등에서 몇 가지 특징이 있다. 우선 달성고분군의 규모가 대구의 다른 고분군에 비해 아주 크다는 것이다. 당시 남아 있던 봉분 직경이 평균 10여 미터에 이르고 가장 큰 것은 30여 미터에 달했다. 이 대형분들은 4~5개의 무리로 나누어지는데 이는 지배자 집단의 내부구조와 관련되는 것으로 보인다. 달성고분군에서는 많은 양의 토기를 비롯하여 금동관, 금제귀걸이, 은제과대 등 장신구류, 환두대도 등 무구류, 운주, 재갈 등 마구류를 포함한 다양한 유물이 출토되었다. 특히 금동관은 경주에서 출토되는 것들과 그 형태가 동일한데 이는 대구지역이 신라의 정치적·문화적 영향을 강하게 받고 있었음을 나타낸다.

안타까운 일이지만 달성고분군은 6·25 한국전쟁과 도시화를 겪으면서 짧은 시간에 그 모습을 완전히 잃어버리게 된다. 일제강점기 사진을 보면 고분군 주변으로 일부의 민가만 확인되고 있지만 1954년 항공사진에는 Ⅱ~Ⅴ군 주변으로 민가가 집중적으로 들어서고 있다. 이는 1950년 6·25 한국전쟁을 기점으로 피란민이 기존 민가를 피해 능선 위 고분군 인근에 많은 집터가 새롭게 개발되었던 것으로 추정되는 일이다. 이후 대구가 대도시로 성장하면서 많은 인구가 이 고분군 주변에서 터를 잡게 되고 1960~1970년대를 거치면서 달성고분군은 민가 속에 뒤덮여 버리게 되었다.

1999년 늦은 가을, 필자는 이 달성고분군 내에 작은 규모의 발굴조사에 참여한 적이 있다. 당시 비산4동 일대에 소방도로가 개설되고 이 도로에 접하는 23평 정도의 작은 1층 한옥 목조 집터 아래에서 유물이 확인되어 발굴을 진행하였다. 이 발굴에서는 4세기대 목곽묘 2기와 5~6세기 석곽묘 3기가 조사되어 달성고분군이 삼국시대 이른 시기부터 최상위 계층

»» 달성고분군 내 비산동 발굴 전경(1999)

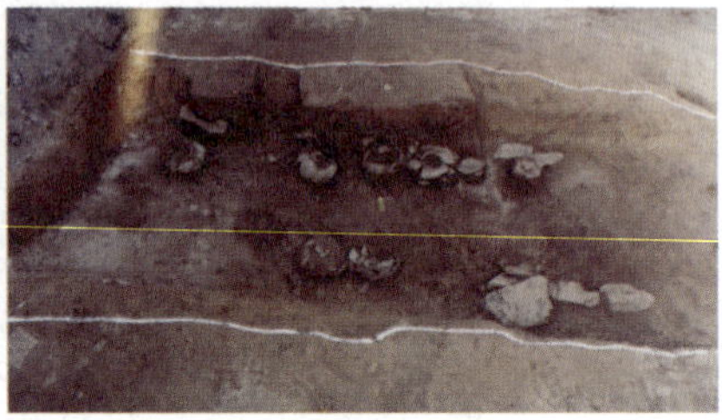

»» 달성고분군 내 비산동 발굴 전경(1999)

»» 달성고분군 내 비산동 발굴 출토 단경호(1999)

의 집단 묘역임이 밝혀졌고 당시 한옥 목조건물 하부에 유물이나 유구가 잔존할 가능성이 확인되었다.

이후 몇 차례의 발굴조사가 있었으나 달성고분군이 육안으로 확인되지 않는다는 이유로 아무런 보존조치 없이 이 모든 고분군이 대부분 훼손되고 말았다. 앞으로 어느 누구도 이 역사를 영원히 회복할 수 없는 지경이 되어 버린 것이다. 하지만 달성고분군 내에는 아직 재건축이 이루어지지 않은 오래된 단층 건물이나 공지(空地) 등이 일부 확인되고 있다. 우리는 지금이라도 아직 남아 있을지 모를 달성고분군의 흔적을 찾는 일에 최선을 다해야 한다. 왜냐하면 그 한 조각의 문화유산이 영원히 사라져버린 달성의 역사를 조금이라도 밝혀낼 수 있는 유일한 단서이기 때문이다.

4th
Special Story

# 그림으로 만나는 대구 달성

겸재(謙齋) 정선(鄭歚, 1676~1759)은 조선시대의 대표적인 화가이자 문신이다. 어려서부터 그림에 재주가 있었다고 하며 20세에 도화서 화원이 되었고 경산 하양의 현감(縣監)을 지냈던 것으로 알려져 있다. 중국의 남종화법(南宗畫法)과 오파(吳派)와 같은 새로운 산수화 기법을 수용하고 시서화 일체 사상을 중시하던 문인들과 교류하면서 독창적인 회화 세계를 열었다고 평가된다. 회화 기법상으로는 전통적 수묵화법이나 채색화의 맥을 이어받기도 하지만 자기 나름대로의 필묵법(筆墨法)을 개발하여 조선의 실제 자연을 담아낸 뛰어난 진경산수화를 개척했다고 할 수 있다. 그의 대표적인 그림은 인왕산의 둥근 바위 봉우리 형태를 새로운 기법으로 나타낸 「인왕제색도」를 비롯해 「금강전도」, 「통천문암도」 등이 아주 잘 알려져 있다.

영남대학교박물관에는 겸재 정선의 손자인 손암(巽菴) 정황(鄭榥, 1735~1800)이 그린 「대구달성」이라는 그림이 있다. 정황은 정선의 손자라는

● 대구달성도

것 외에 구체적인 행적은 알려지지 않은데 18세기 후반에 주로 활동했으며 할아버지의 진경산수화풍을 그대로 이어받았을 것으로 짐작할 수 있다.

달성과 관련하여 대구달성도를 꼼꼼히 살펴보며 이야기를 시작하려고 한다. 이 그림의 크기는 가로 49㎝, 세로 69㎝ 정도이며 오른쪽 위에는 '巽菴'이라는 낙관이 찍혀 있고 '大丘達城'이라는 제목을 붙였다. 그림의 가운데에 대구읍성을 배치하고 그 아래쪽에 대구달성을 그렸는데 마치 서쪽 하늘에 드론을 띄워 바라본 18세기의 대구 모습이라 할 수 있다.

그림 속 저 멀리 동쪽에는 원근법을 잘 살려 연한 먹으로 대구 인근의 크고 작은 산을 그렸다. 대구읍성의 위에서 왼쪽으로 작은 천이 흘러 왼쪽의 큰 강에 합류되는데 이 작은 천은 현재의 '신천'이며 합류되는 강은 '금호강' 이다. 이 금호강은 대구를 동쪽에서 서쪽으로 가로질러 낙동강에 합류된다. 신천과 금호강이 합류되는 지점의 아래쪽엔 침산이, 위쪽엔 연암산이 그려져 있는데 정상에는 작은 가옥이 한 채 그려져 있다. 조선전기 최고의 문장가였던 서거정이 침산에서 저녁노을을 보고 그 아름다움에 감탄하여 '침산만조'를 읊었다고 했는데 혹 이 작은 정자에 앉아 노을을 바라보았던 건 아닌지 모르겠다. 현재 침산 정상의 옛 정자는 볼 수 없으나 대구 시내를 한눈에 전망할 수 있도록 전망대인 침산정(砧山亭)이 세워져 있는데 옛날 이곳에 있던 그 정자도 혹시 침산정이 아니었을까…….

이제 그림 중앙에 그려진 대구읍성으로 시선을 돌려보자. 이미 잘 알려진 바와 같이 대구읍성은 1590년 일본 침략을 대비하기 위해 달성토성으로 축조하였던 것을 1736년 석축의 대구읍성으로 완성했는데 당시 성의 높이는 5m, 두께 8m, 둘레 2,700m였다. 1870년에는 대대적인 보수와 정비가 있었으나 1907년 철거된 후 지금은 그 흔적이 남아 있지 않다. 다만 동성로, 서성로, 남성로, 북성로, 성내동, 서문시장, 남문시장, 서문로 등 읍성과 관련한 지명만 남아 있다.

이 그림에 보이는 읍성은 그 성벽이 잘 그려져 있고 성을 출입하는 시설도 확인된다. 저 멀리 보이는 성 위에 세워진 크고 높은 2층 기와 건물은 남문으로 알려진 '영남제일문'이고 아래쪽에 보이는 문은 '달서문'일 것이다. 성내에는 여러 가옥이 확인되며 그중 붉은 기둥의 단층 기와 건물은 현재의 경상감영 '선화당'으로 보인다. 성밖에도 일부 가옥이 그려져 있으며 성내와 성벽 주변으로 소나무를 비롯한 키 큰 나무를 단순하게 표현하였다. 조지 클레이트 포크의 기록에 나타난 "집들은 대체로 규모가 있었고 대개

• 대구달성 제목과 손암 낙관 세부

• 침산과 연암산 일대 세부

• 대구읍성 세부

• 영남제일문
(출처 국립민속박물관 E뮤지엄 민속 28648)

사각형으로 견고해 보였다. 거리는 무척 넓었고 주막이 많았다. 성벽 모퉁이와 성벽을 따라 누각이 있었고 서쪽 대문은 약간 피라미드 모양으로 위풍당당했다"라는 표현이 적절해 보이는 대목이다.

시선을 좀 더 아래로 내리면 달성이 보인다. 대구 달성은 삼국시대에 축조된 성곽으로 금호강과 신천이 감싼 평원에 다시 달서천이 휘감은 낮은 구릉을 이용하여 토루를 쌓은 것으로 안쪽 경사면은 6m 정도, 바깥쪽은 9m 이상이나 된다. 『삼국사기』 점해왕 15년(261년) 2월 달벌성을 쌓고 나마

(奈麻) 극종(克宗)으로 성주를 삼았다고 하는 달성 축조에 관한 문헌기록과 성벽 일부에 대한 고고학적 발굴조사의 결과를 토대로 이 지역 일대에 정치세력이 성장하면서 초기적 국가형태를 형성한 단계에서 축조되었던 것으로 이해할 수 있다. 이 정치세력 집단은 성의 서남쪽으로 연결된 구릉지대에 대형 고분을 많이 축조하였고(달성고분군이라 함) 금동관 등 그들의 지위를 상징하는 많은 유물을 소유하였기에 대구지역의 중심 집단이었음이 분명하다.

이 그림 속 달성 성벽 위에는 소나무를 비롯한 키 큰 나무가 빽빽이 자라 있고 왼쪽에는 성문이 열려 있다. 앞쪽에 보이는 성벽은 아주 큰 경사를 이루는데 그 성벽 위에 세 명이 서 있다. 맨 앞에 오른팔을 든 사람은 이 모든

• 달성 세부

상황을 담아 그림을 그려주기를 주문하고 있는 듯하고 그 뒤에 선 사람이 이 그림을 그린 손암이 아닐까 추측해 본다. 그렇다면 맨 뒤에 선 키 작은 사람은 손암을 따라다니던 시동이었으리라.

달성의 오른쪽 밖으로는 달성에 비교해도 그 규모가 작지 않은 못(池)이 보인다. 대구읍성의 북문 밖에서 작은 장터로 시작한 '대구장'이 그 규모가 커지면서 성벽의 서쪽에 자리 잡고 '서문시장'이라 불리게 되었다. 이 서문시장은 1920년대부터 달성고분군의 봉토 흙을 옮겨와 당시 '천왕당지'라는 못을 메워 그 위에 자리 잡게 되었는데 달성 옆에 보이는 이 못이 그 천왕당은 아닌지 궁금해진다.

# 구암동고분군:
# 북부지역을 관할하며 독특한 고분문화를 이루다

2022년 4월 어느 날, 대구 칠곡 구암동고분군 중 5호분 발굴 현장설명회가 진행되었다. 평소 구암동고분군에 대한 관심도 컸고 북구청과 함께 옛 발굴 자료에 대한 디지털 아카이빙 프로젝트를 진행하던 중이라 발굴 상황을 더욱 면밀하게 관찰했다. 그날 현장에서 보고 여러 선생님들과 나누었던 아이디어 몇 가지를 다음과 같이 페이스북에 기록해 두었다.

> 구암동 5호분은 앞서 발굴된 구암동 56호·58호·1호분보다 그 축조 시기가 조금 앞설 수 있다(물론 부장 유물을 꺼내 상세히 비교해 봐야 정확히 알 수 있지만). 왜냐하면 앞서 발굴된 고분은 주곽과 부곽의 사이에 봉토의 중심이 지나가는데 5호분은 봉토의 중심에 주곽이 이미 설치되어 있고 부곽은 당초 설계하지 않았다가 늦게 축조하게 되어 끼워넣은 듯한 인상을 주기 때문이다. 즉 5호분 축조 이전에는 주곽만 축조하던 매장법에서 이 시기에 와서는 부곽 설치에 대한 사회적 합의가 있었거나 제사법의 변화 또는 그 필요성이 대두되었기에 당초 주곽만 설치할 계획으로 주곽 자리를 잡았음에도 불구하고 그 봉토 내에 부곽을 끼워 넣게 된 것으로 이해된다. 만약 이러한 가설이 추후 검증된다면 이 구암동 5

호분은 구암동고분군 축조에서 아주 중요한 자료가 될 수 있다.

구암동고분군에는 아주 투박하고 큰 사이즈의 기대와 구암동 양식이라고 부를 만한 고배와 (대부)장경호가 다수 출토되었다. 이는 앞선 발굴과도 동일한 현상이다. 그런데 간혹 이질적인 형태의 (대부)장경호가 눈에 띈다. 구암동 양식의 그것보다 다소 밝은 색조를 띠고 구연이 다소 직립하며 동체부가 더 둥글다. 구경 외면과 동체 견부에 파상문을 새기기도 했는데 구암동 양식의 그것보다 훨씬 간결하고 깔끔하다. 결정적으로 외면에 엷은 녹색 계열의 자연유가 부착되어 있다. 나는 이것들을 구암동에서 제작된 제지계 토기가 아니라 외부에서 유통·교환·수입 또는 부의품으로 이해하고 있다. 그 외부가 구체적으로 어디인지는 아직 단정해서 말할 수 없지만 이 항아리 안에는 특별한 음식을 담았을 것이다.

당시 발굴 현장을 재미있게 보고 기록을 남겼는데 기존 발표된 보고서를 꼼꼼히 살피거나 고고학적 논증없이 현장에서 받은 느낌으로 쉽게 쓴 글임을 고고학자들이 충분히 이해해 주리라 믿는다.

구암동고분군은 대구의 북쪽 팔거산성이 있는 함지산의 서남쪽 능선에 위치하며 대구의 북부지역을 관할하던 정치체의 존재를 보여주는 대규모 고분군이다. 이 함지산의 정상에는 팔거 산성이 위치하고 있으며, 남쪽으로 금호강과 접해 있고 북서쪽으로는 넓은 충적 평야와 이어진다. 구암동고분군이 분포하는 능선은 여러 갈래로 나뉘어져 있고 경사가 심한 편이다. 구릉의 능선상에는 직경 20~30m의 대형분이, 경사면 일대에는 직경 10m 전후의 중·소형분이 분포하고 있다. 최근 정밀지표조사에서 378기의 중·대형 고분들이 밀집되어 있음을 확인하였다. 이 고분들 중 구릉 능선에는 주로 대형분이, 사면에는 중소형분이 축조되어 있다. 최근까지 도굴이나 민묘 조성, 산책로, 군사시설 등에 의해 훼손이 심한 상태였으나 2018년 사적 제544호로 지정됨과 동시에 고분군 일대에 대한 정비와 보존이 적극적으로 진행되고 있다.

»› 구암동고분군 전경(출처 국가유산청)

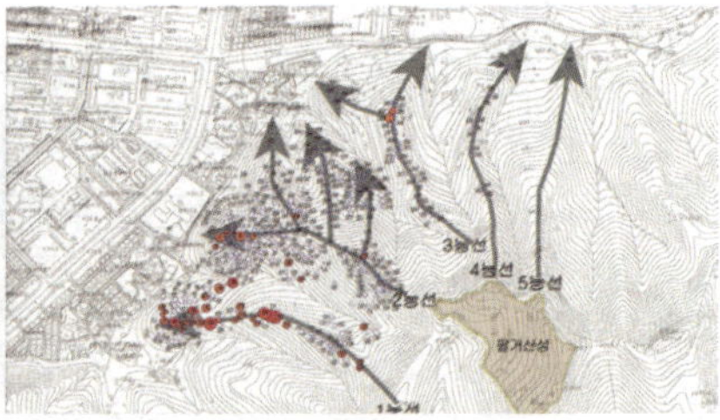


»› 구암동고분군 고분 분포도(출처 영남문화재연구원 2016)

»› 구암동고분군 종합정비 조감도(출처 영남문화재연구원 2019)

현재까지 발굴된 성과를 통해 볼 때, 고분의 구조는 적석봉분으로 이루어진 석곽적석분(石槨積石墳)으로 대구지역에 분포하는 다른 고분과 비교되는 아주 독특한 형태로 축조되었다. 이 중에서 1975년 영남대학교박물관에서 발굴조사한 구암동 56호분은 본분이 먼저 축조되고 그 북쪽에 북분이 연접되었다. 본분과 북분 모두 11형의 배치로 주곽과 부곽을 갖추고 있으며 길이에 비해 너비가 좁은 형태다. 최근 56호분은 복원 정비를 위해 재발굴되었는데 그 결과 본분과 북분의 호석 범위와 규모, 평면 형태가 명확히 밝혀졌고 배장묘로 추정되는 고분도 새롭게 확인할 있었다. 재발굴에서는 금동제 유리장식 수식부 세환이식 1쌍, 은제장식 삼엽환두대도 등이 추가로 출토되었다.

» 구암동고분군 56호분 발굴조사 전경(1975)

» 구암동고분군 56호분 발굴 모습(1975)

2015년에는 구암동 1호분이 발굴되었는데 이 고분은 함지산의 서사면 능선 말단부에 위치하여 너른 대지를 전망하기 좋은 곳에 축조되었다. 1호분은 3기의 봉분이 연접된 형태로 구암동고분군의 전형적인 특징인 적석석곽분으로 확인되었다. 2020년에는 구암동 56호분에 접해 있는 58호분도 조사되었으며 이 발굴에서는 고분의 형태와 규모뿐만 아니라 봉분 구획 석열의 전모를 입체적으로 조사하여 적석 봉분 축조 비밀을 밝히는 큰 성과가 있었다. 최근에는 구암동 5호분에 대한 발굴도 완료되었다.

구암동고분군이 언제 축조되기 시작했는지는 현재까지 정확히 알 수 없으나 대체로 5세기 중엽 이후 아래의 대형 무덤이 먼저 만들어지고 이어 중소형 고분들이 축조된 것으로 보인다. 고분에서는 신라식 토기와 금

»» 구암동고분군 1호분 발굴 모습

»» 구암동고분군 56~58호분 발굴조사 전경(출처 국가유산청)

»» 구암동고분군 58호분 유물 출토 전경

»» 구암동고분군 58호분 적석부 구획 석열 모습

동제허리띠장식, 은제관식과 같은 신라식 위세품이 출토되었다. 이러한 양상을 통해 볼 때 이 지역 세력은 5세기 어느 시점에 신라의 영역에 들어갔던 것으로 추정할 수 있다.

하지만 구암동고분군은 그 축조 방법이나 토기가 강한 지역색을 띠고 있다는 점이 특징이다. 즉 구암동고분군의 묘제는 석곽적석분 또는 적석석곽묘(지면 위에 돌을 쌓아서 내부가 일반 돌덧널과 같은 형상을 만든 것)로 부를 수 있으며 토기의 경우 대구지역의 중심 고분군인 달성고분군과는 달리 칠곡지역의 색채가 강하다. 이러한 현상은 이 고분군을 축조한 집단이 팔거평야 일대에 기반을 두고 성장하였다는 점과 신라 중앙의 통제를 받고 있

» 구암동고분군 출토 고배(출처 영남문화재연구원)

» 구암동고분군 출토 대부장경호(출처 영남문화재연구원)

» 구암동고분군 출토 단경호(출처 영남문화재연구원)

» 구암동고분군 출토 기대와 장경호(출처 영남문화재연구원)

» 구암동고분군 출토 부리토기(출처 국립대구박물관)

» 구암동고분군 출토 각종 장식품(출처 국립대구박물관)

었으나 달성 집단과는 또 다른 형태의 관계를 유지하고 있었을 가능성이 크다고 할 수 있다.

# 불로동고분군:
# 동부지역을 아우르며 대구와 경산을 넘나들다

대구의 대표적인 관광자원 중 팔공산이 유명하다. 팔공산은 산세가 웅장하고 하곡이 깊어 동화사, 파계사, 은해사 등 유서 깊은 사찰과 여러 암자가 들어서 있다. 또한 고려시대 팔공산 자락에는 후삼국의 주도권을 둘러싸고 고려 태조 왕건과 후백제 견훤이 일대 격전을 펼쳤던 공산전투 이야기가 고스란히 전해지는 곳이기도 하다. 대구에서 이 팔공산으로 진입하는 지점에 불로동과 봉무동이 있다. 불로동(不老洞)은 왕건이 공산전투에서 패하여 도주하다 이 지역에 이르자 어른들은 피난을 가고 어린아이들만이 남아 있어 붙여진 이름이라고 한다. 봉무동(鳳舞洞)은 현 봉무정에 호를 구축하기 위하여 구덩이를 파니 땅속에서 봉황이 나와 북쪽으로 날아갔다고 하여 봉황이 춤추는 곳이라고 하니 그 이름이 참 재미있다.

이곳 불로동과 봉무동 일대에 삼국시대 고분군이 자리하고 있는데 바로 사적 제262호로 지정된 불로동고분군이다. 이 고분군을 축조한 집단은 삼국시대 당시 이 일대의 최고 유력자였을 것이다. 대구 중심부에 위치한 달성고분군이나 남서쪽의 화원 성산동고분군, 대구 북쪽의 구암동고분군 등 대구의 여타 고분군과 비교하여도 아주 탁월한 입지에 위치해 있고 그 규모도 상당한 것을 볼 수 있다.

불로동고분군은 문헌 기록을 고려하면 삼국시대에는 경산의 하위 집단인 치성화현(雉省火縣)의 최고 지배자들이 축조하였을 것으로 보는 것이 학계의 대체적인 견해다. 그런가 하면 삼국시대 경산의 중심지였던 임당유적과는 지리적 위치나 유적 간의 거리, 고분군의 조망권, 토기 양식 등을 고려할 때 불로동고분군 축조 집단을 경산의 하위집단으로 보기에는 무리가 있다는 지적도 있다. 이는 필자가 앞으로 살펴야 할 연구 주제이기도 하다. 아무튼 불로동고분군을 대구의 동부권을 장악한 집단이 축조한 고분으로 보는 데에는 이견이 없을 것이다.

현재 불로동고분군은 대부분 잘 정비되어 개별 고분 번호까지 다 부여

»» 불로동고분군 전경(출처 석진화 작가)

»» 불로동고분군 전경(출처 석진화 작가)

»» 불로동고분군 전경(출처 세종문화재연구원 2018)

된 상태다. 일제강점기인 1938년에 해안면 1호분과 2호분이 처음 조사되었고 1963년과 1964년에 불로동 갑호분과 을호분(現215·216호분)이 발굴되었다. 2002년에는 불로동 91호와 93호가 발굴되었으며 이후 현재까지 크고 작은 발굴이 수차례 진행되었다.

1938년 당시 고분 대부분의 석곽이 바깥에 노출되어 있을 만큼 도굴로 인한 파괴가 심하 였고 학술조사가 전혀 이루어지지 않았던 때라 경주 또는 대구의 다른 고분과 서로 비교하여 그 성격을 밝히고자 규모가 가장 큰 1호분(現18호분)과 도굴 당하지 않았을 것으로 예상한 2호분(現22호분)을 발굴하였다.

해안면 1호분은 하나의 봉토를 축조한 다음 또 하나의 봉토를 이은 표형분으로 판단하였으나 봉토의 동쪽 중앙부에서 수혈식석곽묘 1기가 조사되었다. 이 고분의 부장품은 모두 도굴되었고 부곽에서 고배와 대호, 금동제 행엽 등이 출토되었다. 해안면 2호분도 원형분이었으며 봉토 중앙에서 수혈식석곽묘가 확인되었다. 주곽에서는 토기 50여 점과 철기가 출토되었고, 부곽에서는 토기 60여 점과 많은 종류의 어골편, 부식된 곡류편이 출토되었다. 1호분과 2호분 모두 석곽 내부에 격벽을 설치하여 주곽과 부곽으로 사용하였다.

불로동 갑(甲)호분(現215호분)도 수혈식석곽묘로 확인되었으며 석곽 내부 양쪽에 토기류를 부장하고 측벽에 접해서 고배류를 길게 놓아 둔 것으로 추정된다. 불로동 을(乙)호분(現216호분) 외형은 경작에 의해 사방에서 깎여 방형의 나지막한 봉분만 남아 있었다. 유물은 석곽 동북쪽에 토기류와 은장 행엽, 재갈 등 마구류가 확인되었으며 중앙부에서는 소형 토기가 있었다.

불로동 91호분과 93호분은 구릉 정상부에서 남서쪽으로 뻗은 주능선상에 위치하는 대형봉토분이다. 91호분은 원형으로 4기의 수혈식석곽이 앞 시기의 분구에 순차적으로 덧대어 축조한 다장분인데 반해 93호분은 타원형이며 수혈식석곽묘 1기가 중앙에 축조된 단장분으로 선명하게 비교된다. 91호분과 93호분의 매장주체부 형태는 세장방형인 수혈식석곽묘이며 하나의 묘광 안에 격벽을 설치한 일(日)자형 주부곽식 구조다. 주곽에 비해 부곽의 너비가 좁고 부곽의 단벽은 벽석 상부로 가면서 둥글게 처리한 점이 특징이다.

불로동 91호분은 한 분구에 매장된 여러 피장자가 가족과 같은 아주 밀접한 관계에 있었던 것으로 추정된다. 발굴조사보고서에 따르면 1곽은 석곽 옹관으로 피장자가 유아 또는 어린이일 가능성이 있고 2-1곽 피장자는 치아를 통해 볼 때 40대의 여성이다. 3곽 피장자의 치아는 20세 전후의 남성으로 추정되며 4곽의 피장자는 남자일 가능성이 많다. 따라서 2-1곽과 4곽은 부모세대, 1곽과 3곽은 자녀세대일 것으로 추정하고 있다.

불로동고분군에서 발굴조사된 고분은 대체적으로 5세기 중엽에서 말엽에 축조된 것으로 추정되는데 그 순서는 91호분 → 18호분·3호분 → 22호분·15호분·216호분으로 정할 수 있다. 이를 통해 고분의 축조 방향을 살펴보면 능선의 정부에 해당하는 가장 입지가 탁월한 곳에 대형분이 먼저 축조되고 이후 고분의 축조 공간이 그 주변으로 확대된 것으로 볼 수 있다.

불로동고분군이 위치하는 금호강 북안은 충적평야가 발달되어 일찍부터 봉무동유적이나 봉무토성 등 취락을 형성하기 좋은 조건을 갖추고 있었고, 이러한 자연·지리적 환경 속에서 치성화현의 중심세력이 불로동고

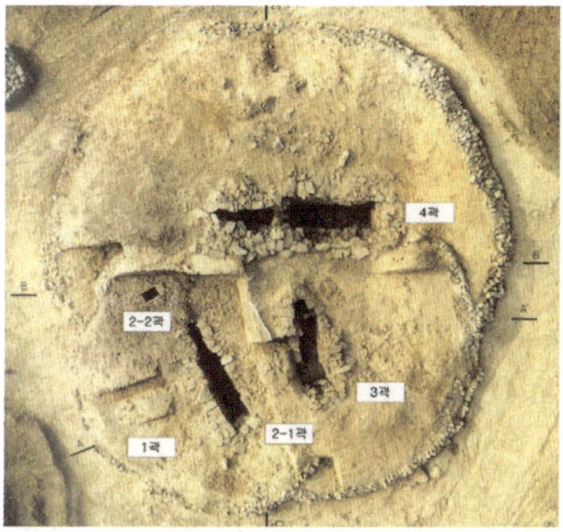


››› 불로동 91호분 전경(출처 경상북도문화재연구원 2004)

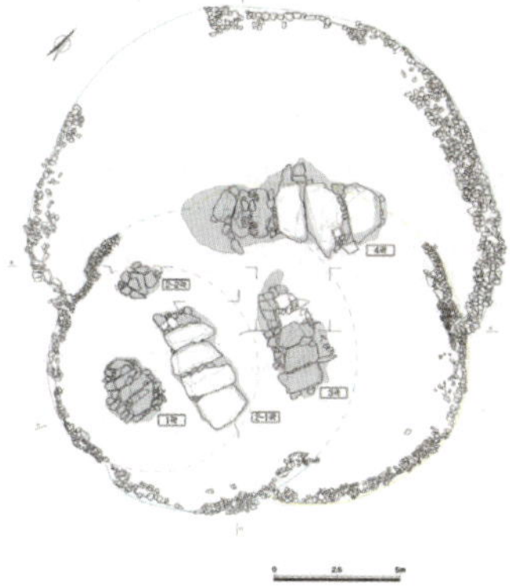

››› 불로동 91호분 평면도(출처 경상북도문화재연구원 2004)

››› 불로동 91호분 출토유물(출처 경상북도문화재연구원 2004)

분군을 축조한 것으로 이해할 수 있다. 또한 불로동고분군 주변으로는 단산동고분군, 공산동고분군, 봉무동고분군, 도동고분군, 둔산동고분군 등의 중·소형 고분군이 확인된다. 이는 치성화현 내에 존재하였던 개별 촌락으로 대응되며 불로동고분군 축조집단의 하위 집단으로 존재하였을 것이다.

## 33

# 달성군 일대 고분군:
# 서쪽 관문을 관할하며 성주·고령과 맞서다

대구 달성군에는 다수의 고분군이 산재해 있다. 이들 고분군은 대부분 넓은 평야와 크고 작은 하천을 낀 구릉 위에 축조되어 있는데 고분군 주변에는 대부분 성곽이 함께 분포하고 있다. 예를 들어 달성 화원 성산리고분군은 화원토성과 한밭들, 낙동강을 배경으로 축조되었고 인접한 설화리고분군은 설화리산성과 한밭들, 그리고 명곡천을 끼고 있다. 현풍 성하리고분군은 수문진성과 붐더들이 인접하고 있고 달성 다사 죽곡리고분군은 죽곡리산성과 강정들, 문산리고분군은 문산리산성과 문산들을 배경으로 축조되었다. 다사의 고분군은 모두 낙동강변에 자리하고 있다.

달성군에 축조된 고분군 중 맨 먼저 축조되는 고분군은 다사 문양리고분군인데 이 고분군은 목곽묘와 석곽묘가 주를 이루고 있다. 최고 수장급 고분에서는 승석문단경호와 외절구연고배가 출토되는데 이는 4세기를 전후한 시기의 다사지역과 그 주변 지역의 상황을 추정해 볼 수 있고, 5세기 이전 낙동강 중하류를 포함한 영남지방의 교류 양상이 확인되었다는 점에서 의의가 있다.

5세기 중엽에는 다사 문산리 일대에 대형 봉토분과 중소형 고분이 축조되는데 이 문산리고분군은 2000~2002년 문산 정수장 건설부지에서 발굴조사되어 그 전모가 확인되었다. 대형분은 대부분 11자형의 주부곽식으로 출(出)자형 금동관, 백화수피제 관모, 은제 조익(鳥翼)형 관식 등 신라식 금공품이 부장되어 신라지방의 고총으로 파악하였다.

»» 화원 성산리고분군 일대 전경(출처 세종문화재연구원 2015)

»» 성산리고분군 전경(1914년 촬영, 출처 국립중앙박물관)

»» 성산리 제1고분군 전경(출처 세종문화재연구원 2015)

화원 성산리고분군은 화원토성과 사문진지, 추정봉수대, 구라리 유물산포지 등과 인접하여 있다. 이중 1998년 발굴조사된 성산리 1호분은 다수의 고분이 축조된 다곽식 고분이다. 봉토 중심부에서 약간 서쪽에 치우쳐

T자형으로 주곽과 부곽이 배치되어 있고 이를 중심으로 한 봉토 내에 5기의 석곽과 1기의 적석목곽묘가 축조되었다. 이 고분의 특징은 세장방형의 주곽과 부곽이 T자형으로 배치되었다는 것과 적석목곽묘 내부에 마련된 부장 공간의 구조다. T자형의 묘곽 배치는 대구 달성고분군 50·51호와 아주 유사한데 이는 두 지역이 긴밀한 관계에 있었음을 보여주는 것이라고 할 수 있다. 또한 적석목곽묘는 봉분 동쪽 가장자리에 위치하는데 묘광 가운데 목곽을 설치한 후 가장자리에 적석을 하였다. 이곳 출토유물 중 고배는 이 지역에서 제작한 것과 경주에서 제작한 것이 함께 출토되고 있어 경주지역 지배층과도 긴밀한 상호관계를 유지하고 있었던 것으로 해석할

» 성산리 1호분 전경(출처 경북대학교박물관 2003)

» 성산리 1호분 출토 토기(출처 경북대학교박물관 2003)

» 성산리 1호분 출토 귀걸이
(출처 경북대학교박물관 2003)

» 성산리 1호분 출토 관식
(출처 경북대학교박물관 2003)

수 있다.

성산리 1호분 주피장자는 봉분의 규모와 크기, 주곽과 부곽의 규모, 주곽 내에서 확인되는 순장 습속, 은제 조익형 관식이나 은제 과대장식, 금제 이식, 대도 등의 출토 유물로 볼 때 성산리고분군 내에서도 상위급에 속하는 인물이었음을 추정할 수 있다. 이 고분의 축조 시기는 5세기 후엽에서 6세기 전엽으로 추정된다.

이 성산리고분군은 필자가 2001년 이 고분군에 대한 정밀 지표조사를 실시한 바 있고 최근 (재)세종문화재연구원에서 이 일대에 대한 대략적인 분포를 소개하고 있기에 한걸음 더 깊이 들어가 보고자 한다. 성산리고분군에는 대략 100기 이상의 고분이 분포하는데 봉토의 직경이 10m 이하의 중소형분들이 많으나 그 직경이 20m 이상 되는 고총도 10여 기가 확인된다. 지금도 이 고분 주변을 면밀히 살펴보면 고분에 부장되었던 각종 제의용 토기나 부장유물이 깨진 채 지표면에 흩어져 있음을 볼 수 있다. 이 고분들은 몇 군데에 무리를 지어 축조되었는데 이중 성산리 제1고분군에서는 모두 55기의 고분이 확인되었다. 이곳에는 대형분이 집중 분포되어 있기 때문에 이 일대의 최고 지배층 묘역으로 판단된다. 성산리 제2고분군에서는 모두 10기의 고분이 확인되었는데 이중 4기는 현재 화원유원지 내 수영장 맞은편에 열을 지어 정비·복원되어 있다. 성산리 제3고분군에서는 모두 8기의 고분이 확인되었는데 중대형급은 확인되지 않았다.

이렇듯 5~6세기에는 고총이라 부르는 대형 봉토분이 죽곡리·문산리·성산리고분군 등에서 축조된다. 고총은 최고 수장층의 존재를 상징하는 것으로 봉분의 규모뿐만 아니라 부장된 유물도 주변 고분군보다 탁월하

≫ 성산리 제2고분군 전경

≫ 성산리 제1고분군 전경

≫ 성산리 제1고분군 전경

≫ 성산리 제1고분군 개석 노출 상태

여 이 지역에 최고 수장층이 축조한 것으로 볼 수 있다. 특히 문산리고분군에서는 출자형 금동관, 성산리고분군의 조익형 관식과 금제 수식부 이식 등 신라 중앙과 관계된 위세품이 확인된 바 있다. 이러한 유물은 일반적으로 신라가 지방지배 과정에서 발생한 것으로 고총의 확산이나 위세품의 사여 체계 등을 통해 볼 때 당시 대구뿐만 아니라 달성에도 신라 중앙의 영향이 미친 것으로 이해할 수 있다. 따라서 달성군 일대에 고총과 성곽이 함께 축조된다는 것은 5세기 이후 대가야의 급속한 성장에 따라 대구의 서쪽 관문이라 할 수 있는 다사와 화원 일대가 방어적 역할이 증대되었음을 보여준다.

이상을 통해 볼 때 금호강이 낙동강에 합류하는 이곳 화원 일대는 국내 최대의 내륙습지인 달성습지와 낙동강 상하류를 연결하던 사문진, 그리고 화원유원지로도 많은 이야기가 남아 있는 곳이다. 또한 최근 다사 일대에는 많은 인구가 유입되고 있어 주목받는 도시다. 하지만 고대 사회로 거슬러 올라가면 대가야의 성장에 따른 대구의 서쪽 관문으로서 이곳에 살던 사람들의 삶과 죽음을 엿볼 수 있는 고분 유적이 남아 있다는 것도 기억해 주었으면 좋겠다.

34

# 압독국의 마을: 고대 시지로의 여행

대구에서 경산으로 넘어가는 길목에 대구 수성구 시지지역이 위치하고 있다. 고대로부터 이곳은 경산에 속한 생활권이었으나 1981년 대구시가 직할시로 승격되면서 대구로 편입되었다. 1980년대 후반 이 일대 약 28만 평이 택지개발예정지구로 지정되었는데 당시에는 이곳에 그렇게 너른 유적이 형성되어 있었을지 생각지도 못했다. 1990년대에 들어 본격적인 택지개발이 진행되면서 개발에 앞서 구제발굴이 시행되었다. 지금까지 50여 차례의 크고 작은 발굴조사를 통해 4만 점이 넘는 유물이 출토되었는데 이로 인해 과거의 생활모습을 대략적으로 그려볼 수 있게 되었다. 즉 구석기시대의 뗀석기부터 청동기시대의 지석묘와 주거지, 삼국시대 초기의 주거지, 삼국시대의 취락과 대규모의 고분군, 그리고 토기가마와 같은 생산유적이 확인되었으며 한참 시간이 지난 뒤 조선시대에는 도자기와 숟가락 등이 출토되었을 뿐만 아니라 국가의 안녕과 풍년을 기원하는 사직제를 지내는 사직단이 발굴된 바 있다.

시지유적은 장기간의 발굴조사를 통해 오랜 시기동안 다양한 형태의 유구가 축조되었음이 확인되었고 수많은 유물이 출토되었다. 그럼에도 불구하고 화려한 금공품이 부장된 대형의 지배계층 무덤(高塚)이 축조되지도 않았고 주목할 만한 명문이나 조형미가 뛰어난 유물이 많지 않았던 탓인지 세간의 주목을 크게 받지 못했다. 그렇게 30여 년이 지나면서 이곳은 지금 새로운 생활 주거지로 변화되었다.

고대의 시지는 지금처럼 대규모의 마을유적이 확인되었다. 이 마을에는 토기를 생산하던 가마소와 이를 제작하던 공방과 대장간, 이들이 거주한 집과 우물, 마을 안에 펼쳐진 도로, 그리고 이들의 무덤이 남아 있었다. 오늘은 고대의 시지유적의 발굴 성과를 살펴보기에 앞서 시지유적을 처음 발굴하던 1992년부터 1994년까지의 발굴 사진 몇 장을 통해 당시의 발굴 이야기를 하고자 한다.

아래 사진은 시지유적의 남쪽 안산에서 북동쪽을 바라보고 찍은 사진이다. 시지지역 택지개발공사가 본격적으로 시작되기 직전에 찍은 것으로 왼쪽 아래에는 당시 대구농고(현 대구자연과학고등학교)가 보인다. 북쪽 먼 곳으로 팔공산이 길게 펼쳐져 있으며 그 아래엔 금호강이 동쪽에서 서쪽으로 흐르고 있다.

››› 시지지역 택지개발공사 직전의 모습

아래 왼쪽 사진은 발굴조사 전 개토제(開土祭)를 지내는 풍경으로 시지 지역에 산재해 있던 고인돌유적을 조사하기 전 발굴조사단의 안녕을 위해 고사를 지냈다. 이러한 고사의 의미는 고고학 조사가 종일 현장에서 이루어지기 때문에 불시에 발생할 수 있는 안전사고를 예방하고 좋은 고고학적 성과를 기원하기 위함이라고 할 수 있다. 예전이나 지금이나 안전사고 예방은 발굴현장 운영에서 매우 중요하다.

아래 오른쪽 사진은 시지의 마을유적을 본격적으로 조사하는 광경으로 현재 보성타운 및 동서타운과 욱수초등학교 사이에 난 도로를 조사하는 모습이다. 이곳에서는 주로 얕게 판 집터와 기둥을 세운 건물이 조사되었는데 이들은 주로 생산 공방지로 추측되었다.

››› 발굴조사 전 개토제 모습

››› 시지의 마을유적 발굴 전경

아래 왼쪽 사진은 발굴 현장을 사진으로 남기기 위해 고투하는 모습이다. 이 발굴에서 조사된 마을유적은 그 범위가 워낙 넓어서 사다리로는 도저히 사진 기록을 남길 수가 없어서 크레인을 동원하여 아주 높은 곳까지 올라가서 촬영하였다. 최근에는 드론과 같은 무인항공기로 쉽게 촬영할 수 있지만 당시 조사원들은 좋은 사진을 남기기 위해 이렇듯 많은 위험을 감수해야만 했다.

아래 오른쪽 사진은 문화재의 조사와 개발이 공존하고 있는 장면이다.

보통 건축 공사는 발굴조사가 다 완료된 후에 시작한다. 그런데 시지지역의 택지개발공사는 예상치 못한 문화재 발굴조사로 인해 공사에 필요한 시간이 부족하였던 탓에 공간을 분할하여 발굴이 완료되는 부분은 바로 공사를 진행하기도 하였다. 사진의 중앙부 굴착기가 작업 중인 곳이 현재 동서타운이 위치한 곳이다.

»발굴 현장 사진촬영 모습

» 문화재 보존과 토지 개발의 현장

아래 왼쪽 사진은 유적이 파괴되고 있는 현장에 문화재를 보존하고자 하는 이들이 공사 관계자들과 대치하고 있는 모습이다. 당시 시지지역에는 아파트 건립 회사들이 유적을 조사하기 전에 굴착기를 동원하여 유적지를 군데군데 파괴하곤 했다. 저 큰 굴착기 앞에서 공사 관계자들과 발굴조사단이 실랑이를 벌이고 있는 모습이 애처롭다.

아래 오른쪽 사진은 발굴조사가 이루어지기 전 굴착기가 훼손한 유적

» 유적 파괴 현장에서 공사 관계자들과 대치하고 있는 광경

» 굴착기에 의해 훼손된 유적

의 모습을 촬영한 것이다. 표토층에 의해 땅속에 잘 보존되어 있던 문화층이 굴착기의 마구잡이식 굴착으로 인해 그 단면이 선명하게 드러나 있다.

오늘날에는 유적의 발굴과 보존을 넘어 활용 정책을 논의하는 데까지 이르렀지만 30여 년 전 시지유적 발굴 당시에는 국토 개발에 따른 문화재 보호와 발굴에 대한 인식과 공감대가 크게 형성되지 못했다. 그뿐만 아니라 대규모 국토개발에 따른 사전 발굴조사 제도도 잘 갖추어지지 못했던 때였다. 심지어 중요 유적의 보존은 개발 당사자의 커다란 반발에 직면하기도 했다. 하지만 1990년대 시지유적 발굴이 있었기에 고속도로의 개설이나 확장, 댐 건설, 대규모의 택지나 산업단지 등 국토개발이 진행되면 반드시 문화재 보호 및 보존을 위한 발굴조사가 진행되는 등 문화재 보호에 대한 인식이 개선될 수 있었다.

이후로도 현재까지 국토개발과 문화재 보존이라는 정책을 마련하는 과정에서 여러 차례 마찰이 거듭되고 있지만 시지유적 발굴을 시발점으로 학계뿐만 아니라 사회 전반에서도 유적 파괴행위를 막기 위한 인식의 전환과 제도의 정비가 본격적으로 마련되기 시작했다고 해도 과언이 아니다. 또한 대규모의 국토개발에 따른 대규모 발굴조사를 발굴조사 전문기관이 전담하는 계기가 되었는데 이는 우리나라 발굴사(發掘史)에 큰 획기가 되었다고 평가할 수 있다.

35

# 도시개발과 유적 발굴의 딜레마: 대구 시지의 발굴

오늘날 시지(時至)지역은 대구광역시 수성구 매호동, 시지동, 욱수동, 노변동 등이 해당되는데 과거 이곳은 경산군 고산면에 속하여 고대로부터 경산의 생활권이었으나 1981년 대구로 편입되었다. 이곳 시지 일대의 고인돌에 대해서는 오래 전부터 알려져 왔으나 시지유적이라는 대규모 유적이 세상에 모습을 드러낸 것은 1992년 택지개발로 인해 발굴조사가 진행되면서다. 본격적인 발굴조사가 거듭되면서 매호동과 사월동 일대에는 청동기시대의 지석묘와 주거지가 확인되었는데 지석묘 하부 구조인 석관묘에는 석검과 석촉, 단도마연토기 등이 부장되어 있었다. 매호동에서는 3~4세기대 축조된 장방형의 주거시설이 확인되었다.

시지유적이 세간의 주목을 받게 된 것은 삼국시대의 마을과 고분 때문이라고 할 수 있다. 고대 시지의 마을 모습을 볼 수 있는 생활유적은 주거지와 건물지, 제의와 관련한 대형 구(도랑), 연못, 수혈 구덩이, 우물 등이다. 매호동의 주거지에서는 지금의 온돌과는 그 형태가 다르지만 난방을 위한 고래시설(방 구들장 밑 고랑으로, 불길과 연기가 나가는 통로)을 발굴한 바 있다. 시지동 공동주택지구간에서는 고상식(高床式) 건물지가 여러 채 출토되었는데 이 건물지는 곡식을 저장하거나 토기를 말리고 보관하기 위한 창고로 추정된다. 그리고 이러한 물자를 운송하기 위한 도로가 발굴되었는데 이 도로는 잔자갈을 깔아 사람이나 마차가 다닐 수 있도록 하였다.

시지유적의 마을 경관 중에 생산시설, 특히 토기 공방에 대한 연구도 주목된다. 대구 욱수동과 경산 옥산동 일대에는 토기를 생산하던 가마시설이 대량 확인되었는데 현재 시지노인전문병원이 위치한 구릉 일대다. 이 가마에서는 4세기 후반에 해당하는 경질토기가 가장 먼저 구워졌는데 임당유적을 비롯한 이 지역의 자체 수요를 위해 가마가 운영되었을 가능성이 크다. 이후 5세기 전반에는 유적의 중앙부에 2~3개의 가마를 나란하게 축조하여 사용하였는데 이는 토기의 대량 생산을 위해 가마를 효율적으로 사용·관리하기 위한 것으로 이해할 수 있다. 5세기 중·후반에는 가마가 급증하는데 이 시기는 시지 일대에 고분이 폭발적으로 증가하면서 많은 양의 토기 수요가 있었기 때문이다. 따라서 대구 욱수동·경산 옥산동 토기 가마유적은 이 일대 즉 대구 노변동, 욱수동, 시지동, 가천동, 경산 중산동 등에 분포한 고분에 부장되는 토기를 공급하던 곳으로 볼 수 있다. 6세기 전반이 되면 가마의 수가 급격히 줄어들며 토기 생산 공방의 기능을 점차 상실하였던 것으로 추정되지만 고배와 장경호와 같은 기종에서는

››› 성암산에서 바라본 시지 일대 모습

››› 시지와 주변지역 모습(출처 영남문화재연구원)

››› 청동기시대 고인돌

››› 청동기시대 집터

이곳만의 독특한 지역성을 강하게 띤 디자인으로 변모하게 된다.

고배의 경우 기존의 신라토기의 변화 경향과는 달리 잔의 두께가 아주 얇아지면서 그 깊이가 깊어진다. 내부에는 소위 물레빗기를 통한 나선형의 회전성형흔이 뚜렷하게 관찰되며 다리의 끝단이 곡선으로 크게 휜다. 대부장경호도 이 시기가 되면 아주 특징적인 모습을 띤다. 즉 목 부분이 경사지게 길게 뻗어 올라가는데 이 부분을 4~5단으로 구획하고 구획선 사이에는 밀집된 파상문(波狀紋: 물결모양무늬)을 새긴다. 이러한 고배와 장경호는 아주 정형성을 갖추고 있어 '경산식' 또는 '압독국식' 토기라고 표현해도 무방할 정도다.

››› 삼국시대 마을유적

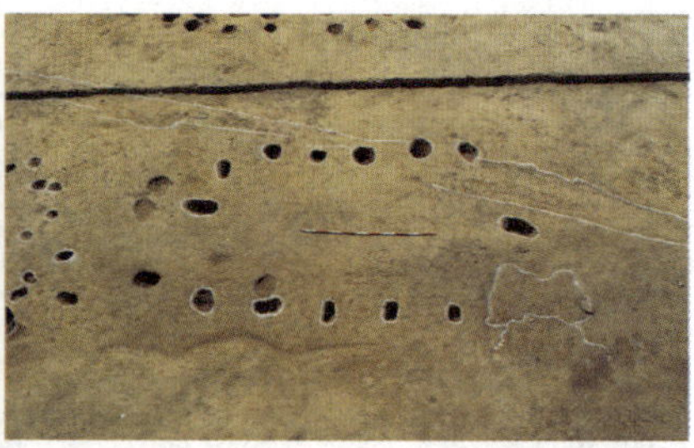

››› 삼국시대 집터

시지유적의 고분은 욱수동과 노변동 일대의 구릉에 축조되어 있는데 일명 시지지구 고분군이라고 부른다. 30여 년동안 1700여 기가 발굴되어 단일 유적에서 발굴된 고분의 숫자로는 아주 압도적이다. 고분의 형태는 덧널무덤(木槨墓), 돌덧널무덤(石槨墓), 돌방무덤(石室墓) 순으로 변천되며 그 축조 과정이나 유물 부장의 양상이 아주 잘 드러난다.

덧널무덤은 직사각형으로 구덩이를 파고 그 내부에 나무 덧널을 안치한 후 주검을 매장하는 방식이며 대체로 4세기 중후반부터 5세기 중반까지 축조된다. 돌덧널무덤은 5세기 초부터 6세기 중반까지 가장 많이 축조된 형태로 네 면을 돌을 쌓아 만드는 방식이다. 강돌로만 네 면을 다 쌓기도 하고 널찍한 돌판을 아래에 세우고 그 위를 강돌로 쌓기도 한다. 이 돌덧널무덤은 2~3기가 나란하게 축조된 사례가 있는데 이런 경우 부부의 무덤 또는 가족의 무덤으로 추정하기도 한다. 6세기 중반이 되면 돌방무덤이 축조되는데 이 무덤은 무덤 내부로 출입하는 문과 널길이 마련되어 있는 것이 특징이다. 돌방무덤은 가족묘처럼 여러 차례 주검을 안치하는 방식인데 7세기 중후반까지 사용되다가 더 이상 고분은 축조되지 않는다.

»삼국시대 가마터

이러한 무덤 축조 양상을 통해 볼 때 삼국시대, 특히 5~6세기의 시지는 아주 번성하였고 많은 사람들이 고분을 축조할 수 있는 재력이나 사회적 지위를 누리고 있었다고도 이해할 수 있다.

이러한 고고학 조사 성과를 통해 볼 때 시지지역에는 적어도 청동기시대부터 인간이 거주했음이 확인되었다. 많은 사람들이 모여 살기 시작한 대규모의 마을은 삼국시대에 등장한 것으로 보이는데 현재 이곳에 빼곡하게 들어선 아파트의 경관과 비교해 볼 때 예나 지금이나 사람들이 살기 좋은 마을이었던 것 같다. 특히 '경산식' 또는 '압독국식' 토기는 표준화된 생산 체계에 따라 대량으로 생산되어 각 지역으로 소비되었던 것이다. 이곳 생산품은 가까운 시지지구 고분군뿐만 아니라 임당동과 조영동고분군, 금호강 주변의 경산 신상리고분군과 대구 가천동고분군, 대구 불로동고분군과 괴전동고분군, 대구 시내의 복현동고분군이나 대명동고분군, 나아가 대구 달성의 화원 성산동고분군이나 다사 문양리고분군, 성주 명포리고분군 등에서도 확인된다.

이렇듯 시지유적은 삼국시대의 생활유적, 생산유적, 도로, 분묘, 토성과

»삼국시대 돌덧널무덤

»삼국시대 돌방무덤

산성 등 삼국시대의 모든 유적이 포함된 취락을 모습을 보여주는 유적으로 평가받는다. 이곳에 접한 경산 중산지구 유적에서도 청동기시대의 주거지와 삼국시대의 토기 가마, 고려·조선시대의 기와 가마가 확인되었으며 노변동에는 사직단도 축조되었다. 따라서 이 일대는 청동기시대부터 조선시대에 이르기까지 당시 사람들의 생산 활동과 마을 풍경, 고분을 통한 장제 공간까지 어우러진 복합 유적으로 당시의 생활모습을 복원할 수 있는 곳으로 평가할 수 있다.

# 6장

# 고고학 발굴과 박물관

36

# 발굴은 현재 진행형: 새롭게 드러나는 이야기들

고고학자라면 누구나 자신만의 최애 사이트(발굴 현장을 지칭함)가 있기 마련이다. 그곳이 생애 첫 발굴 현장일 수도 있도 아주 특별한 유적일 수도 있다. 나의 첫 고고학 발굴은 울산 울주군 두동면 봉계리의 청동기 집터유적이었다. 1998년 겨울 매서운 눈바람이 불 때 시굴조사를 시작하여 이듬해 초여름까지 발굴이 이어졌다. 그때만 해도 유구(집터나 무덤, 가마 등 시설물을 의미함)의 형태나 그 경계선(어깨선), 문화층을 잘 구분해내지도 못했으며 선배들이 뒷주머니에 꽂고 다니는 트롤(Trowel, 발굴할 때 사용하는 도구로 일종의 흙손이지만 당시 발굴 현장에서는 책임자를 상징하던 것이었다)을 사용해 보는 것이 꿈이었던 때였다.

2000년대에 들어서는 발굴 현장 경험을 점점 쌓아갔다. 그중에서 경부고속도로를 확장하던 사업 구간에서 내 손으로 처음 신석기시대 빗살무늬토기를 발굴했을 때의 흥분은 지금도 잊을 수 없다. 그 때만 해도 대구의 역사는 기원전 10세기경에 시작되었던 것으로 보았을 때라 신석기시대 유적의 존재를 보여하는 빗살무늬토기의 발굴은 대구의 역사를 새로 쓸 수 있는 아주 중요한 자료였다. 이후 대구에서는 신석기시대 유적뿐만 아니라 구석기시대 유적도 확인되었다.

이후 대구 욱수동의 석실묘를 발굴하면서 고분 유적에 대한 관심이 커지기 시작하였고 고령 지산동고분군과 대구 괴전동고분군, 경산 신상리고분군, 울산 하삼정고분군, 왜관 낙산리고분군 등 고분 발굴의 경험이 이어지면서 자연스레 고분 연구자로 성장할 수 있었다. 어느 분야든 한 명의 고수가 등장하기까지 많은 희생과 기다림이 있듯이 고고학 또한 마찬가지일 테다.

혹자는 아직도 우리나라에 발굴할 게 남아 있냐고 묻는다. 해방 후 우리 손으로 첫 발굴을 진행한 후 1990년대까지는 국립기관이나 대학박물관이 발굴을 주도하였으나 그 이후 발굴전문기관이 주도하면서 국토개발이라는 이유로 많은 유적이 발굴되었다. 현직 발굴전문기관 종사자들의 견해를 빌리자면 이제 발굴 전성기는 지났다고 한다. 이제 발굴전문기관이 발굴 외에도 문화유산 교육이나 서비스 등 또 다른 문화사업도 적극 계발해야 할 때라고 한다.

그럼에도 불구하고 최근에도 발굴은 계속되고 있다. 조금만 관심을 가지고 주위를 살펴보면 고고학 현장을 쉽게 발견할 수 있다. 도로를 달리다 저 멀리 언덕에 나무가 다 베어 황토가 드러난 현장에 파란색 천막이 띄엄띄엄 덮여 있는 것을 보게 된다면 이는 틀림없이 발굴 현장이다. 또한 우리가 사는 도심지의 주택이나 사무실 옆에서도 발굴이 진행되기도 한다.

이에 최근 몇 년간 대구와 경북지역의 역사를 새롭게 쓴 주요 발굴을 살펴보고자 한다. 최근에도 도로를 개설하거나 넓히기 위해, 아파트를 짓기 위해, 산업단지를 조성하기 위해, 주차장이나 근린생활시설을 짓기 위해 많은 발굴이 진행되었다. 이렇게 조사된 유적은 신석기시대의 생활유적, 청동기시대의 삶의 공간인 주거지와 죽음의 공간인 고인돌, 삼국시대의 무덤과 집자리, 신라 도성의 방어시설, 옛 절터, 토지신과 곡식신에게 한해 풍요를 기원하던 사직단 등 그 규모나 성격이 아주 다양했다.

이 중에서 특히 언론에 주목을 많이 받았던 유적이 있다. 경산 와촌의 소월리에서는 자그마한 구덩이에서 사람 얼굴모양 토기가 발굴되었는데, 이 토기에는 눈, 코, 입, 귀가 표현되어 있고 눈과 입 모양을 각각 달리하여 무표정한 듯, 심각한 듯, 또는 말을 하는 듯한 표정을 삼면에 연출하였다. 최근 문화재청에서는 이 토기의 얼굴모양을 활용하여 이모티콘을 제작하여 새로운 콘텐츠로 활용하고 있다.

» 경산 소월리 출토 얼굴모양 토기

» 경산 소월리 출토 얼굴모양 토기 1면

» 경산 소월리 출토 얼굴모양 토기 2면

» 경산 소월리 출토 얼굴모양 토기 3면

(이상 출처 화랑문화재연구원)

대구 칠곡에서는 구암동고분군 중 주요 고분이 지속적으로 발굴되었다. 56호분의 재발굴에 이어 이와 연접한 58호분의 발굴, 그리고 5호분의 발굴로 이어졌으며 현재는 304호분 발굴이 진행되고 있다. 이 발굴에서는 11자형 주부곽의 형태와 돌무지 봉토를 석열로 구획하였던 방법을 면밀하게 조사하였으며 대형분 옆 중소형분의 배치관계도 밝혀냈다. 또한 구암동고분군과 밀접한 관계에서 축조된 함지산의 팔거산성에서는 나무로 만든 집수지(식수 등 물을 모으기 위한 시설물)가 확인되었는데 부재의 결구방법이 잘 남아 있었고 그 축조 방법을 잘 알 수 있었다. 이 나무 부재는 기록이 남아 있지 않고 실물자료가 거의 없는 신라건축 연구에 아주 중요한 자료로 시간이 지남에 따라 부식이 심하게 진행되는 유기물이라 조속한 과학적인 보존처리가 필요했다. 하지만 그 무게가 4.5톤이나 되고 산 위에 있어 차량 진입이 어려운 상황이라 산림청의 협조를 받아 산림항공기편으로 이송하는 일도 있었다.

» 대구 구암동 5호분 발굴 전경(출처 대동문화재연구원)

» 대구 구암동 5호분 발굴 전경

» 대구 구암동 58호 유물 출토 전경

» 팔거산성 내 목조 집수지(출처 화랑문화재연구원)

그 외에도 주목할 발굴은 더 있다. 1939년 이후 80년 동안 고고학 조사가 전혀 없었던 대구 대명동고분군을 발굴하여 원삼국시대부터 삼국시대까지 지속적으로 고분이 축조되었음을 확인하였고 주변 정치체와의 교류관계도 추정할 수 있었다. 성주 성산동 22호분은 성주의 전형적인 고분 축조 방법에 따라 축조되었고 최근 여기서 출토된 유물 378점이 모두 이 지역 박물관으로 귀속되어 주목받은 바 있다. 경산 임당동과 조영동고분군, 화원 성산리고분군 등에서도 발굴이 추가되었으며 예천지역에서 처음 확인된 대형 앞트기식 돌방무덤, 포항 영일만 일대에서 확인된 고분, 청도 송읍리의 고분 발굴도 우리 지역 고대 사람들의 삶과 죽음을 보여준다.

›› 대구 대명동고분군 발굴

2022년 기준 한국문화유산협회에 소속된 매장문화재를 발굴하는 전문기관만 84개 기관에 이르고 이 협회에 소속되지 않은 기관이나 대학의 박물관, 국립문화재연구소나 국립박물관 등을 더하면 발굴 종사자는 훨씬 많아진다. 지난 겨울 혹독한 추위 속에서, 오는 여름 찌는 듯한 무더위 속에서도 현장을 지키고 고민하며 우리 땅에 묻혀 있는 문화유산을 발굴해 낼 고고학자들과 함께 이 일에 참여하는 모든 분들에게 감사의 마음을 전한다. 이들이 수고하여 찾아낸 역사에 박수를 보내며 올해는 어떤 이야기가 새롭게 발굴될지 기대가 크다.

37

# 고분에 고분을 더하다: 임당5·6·7호분의 축조 비밀

필자는 2022년 특별전을 기획하며 '고분에 고분을 더하다'라는 제목을 내걸었다. 경주도 아닌 신라의 지방인 경산에서 발굴된 '고분'과 그 속에서 출토된 '고분 부장 유물'을 어떻게 연출할까를 오랫동안 고민한 결과였다. 이런 주제의 전시가 일반 관람객이나 학생들에게 크게 흥미롭지 않을 수 있지만 '고분에 고분을 더하다'라는 표현 속에는 아주 깊은 고고학적 의미가 내포되어 있기에 포기할 수 없는 전시였다.

이 전시의 소재는 1982년에 발굴되었던 경산 임당동고분군에 축조된 임당5·6·7호분의 축조 방법과 출토유물이었다. 이 고분은 발굴 당시 하나의 동산 형태로 잔존하고 있었으나 봉토 내에는 여러 개의 묘곽으로 구성되어 있었다. 이 봉토의 가장자리에는 호석(둘레돌)이 잘 남아 있었는데 이 호석의 연결 부위를 살펴보니 먼저 축조한 것 위에 나중에 축조한 것이 얹어져 있어 이 묘곽들이 순차적으로 축조되었음을 알 수 있었다. 또한 점토로 만든 봉토의 피복층도 묘곽의 선후관계를 명확하게 설명해 주었다. 발굴을 통해 이 봉토를 모두 제거한 결과 모두 17기의 묘곽이 확인되었는데 이 중에는 6기의 중심 묘곽이 호석을 갖추고 그 선후관계가 분명히 확인되었다. 이 축조관계를 좀 더 꼼꼼히 살펴보자.

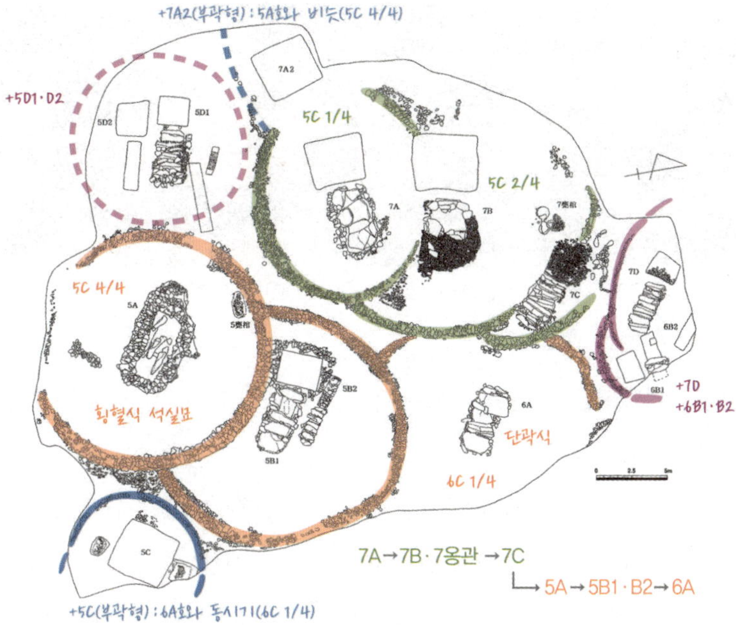


»» 전시 마인드맵

먼저 5세기 초에 임당7A호가 축조되었고 한 세대 정도 지난 후 여기에 임당7B호를 붙여 표형분의 형태를 만들었다. 또 여기에 임당7C호를 덧붙였다. 임당7A호와 7B호는 주곽과 부곽의 배치가 모두 창(昌)자형이며 무덤의 축조 방향이나 규모도 비슷하고 묘제도 동일하다. 또한 주곽의 개석 형태나 충전석을 높게 채우고 부곽의 벽면을 매끄럽게 손질한다는 점에서 동일한 집단이 무덤을 제작하였을 가능성이 크다.

이후 약 50년이 지난 뒤에 임당5A호가 축조되는데 이 무덤은 임당동고분군에서 가장 이른 시기에 축조된 횡혈식석실묘다. 하지만 석실묘로 바뀌었음에도 불구하고 추가장을 하지 않는다는 점, 순장이 계속 나타나고

»» 임당7A·7B·7C호 전경

»» 임당5A·5B1·5B2호 전경

후축되어 연접되는 무덤을 암광목곽묘로 축조한다는 점 등이 특징적이었다. 긴 시간이 지나지 않아 5A호의 북동쪽 호석 바깥에 호석과 접해서 임당5B1호와 5B2호를 축조하였다. 5B1호는 장방형의 주곽과 방형의 부곽을 창(昌)자형으로 배치하였고 임당5B2호는 동혈묘광 일(日)자형 주부곽식으로 주곽과 부곽 사이에 격벽을 설치하여 구분하였다. 또 일정 시간이 지난 뒤에 임당5A호와 5B1·2호에 덧붙여 임당6A호를 축조하였다. 임당6A호는 앞서 축조된 고총과 달리 부곽을 별도로 설치하지 않았고 암광목곽의 주곽만 축조하였다. 부곽을 축조할 공간이 충분히 마련되어 있었지만 의도적으로 부곽을 설치하지 않았던 것으로 보인다.

임당5·6·7호분 봉토 내에는 아주 독특한 형태로 축조된 유구가 확인되었는데 바로 임당5C호와 임당7A2호다. 임당5C호는 임당5A호와 5B1·2호의 봉토가 연결되는 동남쪽 지점에 덧붙여 축조되었고 임당7A2호는 임당7A호의 서쪽 호석열에 덧붙여 축조하였다. 임당동고분군 대부분의 분묘는 장방형의 주곽과 방형의 부곽이 하나의 분묘로 구성된 것에 비해 이 두 분묘는 방형의 부곽만 축조되어 있다. 이 묘곽 안에는 토기나 무기류 등이 가득 부장되어 있었고 각종 동물유존체나 순장자가 확인되기도 하였다.

시기적으로 임당5C호는 임당5A호, 5B1·2호와 관련한 부곽으로, 임당7A2호는 임당7A호와 관련한 부곽형 묘곽 또는 배장묘로 볼 수도 있다. 또 이 부곽형 묘곽에서는 많은 양의 유물과 함께 순장자도 매장하였으므로 순장곽으로도 이해할 수 있다. 이렇듯 이 부곽형 묘곽의 성격에 대해서는 여러 가능성을 제시할 수 있으나 아직까지 명확한 해석은 할 수 없는 상태다. 어쩌면 거대한 봉분의 동쪽과 서쪽 가장자리에 덧붙여 축조되면서 기존에 축조된 거대 분묘의 정치적 또는 사회적 위계를 재확인하는 과정에서 생산된 산물로 볼 수 있을 것이다.

그리고 이 중심 묘곽 주변으로 다소 작은 중소형의 고분이 여러 개 축조된다. 먼저 임당7A호의 남쪽이자 임당5A호의 서쪽에는 임당5D1호와 5D2호가 축조되었는데 창(昌)자형의 주부곽식 암광목곽묘다. 임당7C호와 임당6A호의 북쪽에는 임당7D호, 임당6B1호와 6B2호가 축조되었다.

» 임당5·6·7호분 전경

》 임당동고분군 전경(영남대학교 문화인류학과 촬영)

》 임당동고분군 전경(석진화 작가 촬영)

이 중 임당6B1호는 장방형의 주곽을 북쪽에 배치하고 부곽을 서쪽에 배치한 이혈묘광 명(明)자형 주부곽식으로, 5세기 말에서 6세기 전반에 걸쳐 임당유적에서 다수 확인되는 형태다. 임당6B2호는 단곽식의 목곽묘로 추정되며 임당7D호는 창(昌)자형 주부곽식으로 축조되었는데 전형적인 임당동고분군의 형태라고 할 수 있다.

이러한 고분의 연접 현상은 경주 대릉원 황남대총이나 대구의 불로동고분군, 구암동고분군 등 신라권역 내에서 다수 확인할 수 있다. 하지만 임당5·6·7호분은 그 어느 곳보다 많은 수의 고분이 연접되었고 그 축조기간도 100여 년 동안 지속되었다. 이 임당동고분군의 바로 북쪽에는 임당토성이 위치하고 있으므로 임당동고분군은 토성의 남쪽 바깥에 존재하고 있는 셈이다. 즉 임당동고분군에서 서쪽으로 바라보면 남천 주변으로 압량들이 넓게 펼쳐져 있으며 현재의 경산 시가지와 그 주변이 한눈에 조망된다. 당시의 경관을 상상해 보면 압량들에서 농사를 짓거나 이 주변에 거주하였던 사람들이 이 구릉 위에 축조된 임당동고분군을 바라볼 때는 마치 성지(聖地)와 같은 지배 계층의 특별한 공간에 압도되었을 것이다. 임당동 지배 계층은 이러한 효과를 누리며 그들의 정치적 권위에 정당성을 부여하고자 이 거대한 고분에 고분을 더해 축조하였을 것이다. 즉 당시 최고 권력을 가진 사람들은 수 세대에 걸쳐 같은 곳에 무덤을 조영하면서 그들의 지위를 유지하고 권력을 정당화했을 것으로 해석할 수 있다.

# 새로운 고고학적 질문을 안겨 준 경주 쪽샘 44호분

장맛비가 세차게 내리던 2023년 어느 여름날, '신라 공주묘 발굴'이라는 보도로 세간에 히트를 치고 있던 경주 쪽샘 44호분 발굴현장을 찾았다. 이 쪽샘 44호분은 2014년 5월에 발굴에 착수하여 2023년 6월 30일에 발굴이 종료되었다고 하며 발굴하는 동안 여러 차례 그 성과가 발표된 바 있다.

2019년에는 분묘 주변의 무덤 제사와 관련한 양상과 함께 행렬도가 그려진 선각문 장경호가 발굴되어 이 행렬도에 그려진 말 탄 사람, 활 쏘는

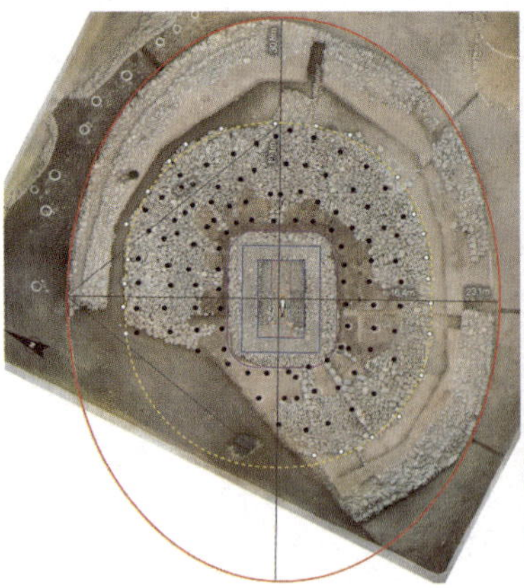

»경주 쪽샘 44호분 전경
(출처 국립경주문화유산연구소)

»경주 쪽샘 44호분 유물 출토 현황
(출처 국립경주문화유산연구소)

사람, 춤추는 사람과 여러 동물 등이 주목받게 되었다. 토기에 그림을 새기거나 반복되는 패턴으로 장식하는 기술은 신라 고분에서 여러 차례 발굴된 사례가 있어 그러한 기술이 어떻게 공유되고 각 공방 또는 공인에게 전승되는지 살펴봐야 할 연구 소재다.

2020년에는 무덤 주인공이 착장한 금동관과 금드리개, 금귀걸이와 가슴걸이, 금·은 팔찌와 반지, 은허리띠 장식 등 장신구 세트, 비단벌레 딱지 날개로 제작한 금동 장식품, 돌절구와 공이, 바둑돌과 운모 등 각종 유물이 발굴되었다. 무덤 주인공이 호화로운 장신구를 착장하였고 은장식 도자(刀子: 작은 칼)를 지녔기에 신라왕족 여성으로 보았고 바둑돌이 출토된 점을 미루어 신라 여성도 바둑을 즐겼을 것으로 추정하였다. 실제 발굴된 바둑돌은 지난 해 '천년수담(千年手談): 신라 바둑 대국'이라는 콘텐츠로 제작되며 발굴유물의 활용에 있어 새로운 자극이 되기도 하였다.

그리고 몇 년의 시간이 지나면서 발굴유물에 대한 보존처리와 분석이 이루어졌고 최근 새로운 성과를 발표하였다. 그 중에서 주인공의 머리맡

» 경주 쪽샘 44호분 출토 선각문장경호

» 경주 쪽샘 44호분 출토 선각문장경호 문양 추정 복원 전개도 (출처 국립경주문화유산연구소)

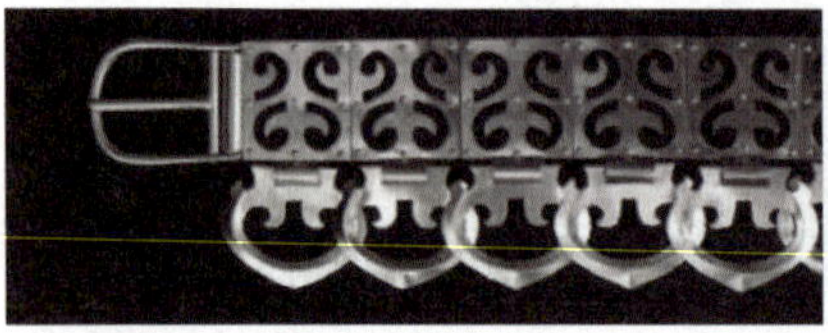

≫ 경주 쪽샘 44호분 출토 은제허리띠
(출처 국립경주문화유산연구소)

≫ 경산 조영EⅡ-1호 출토 은제허리띠

≫ 경주 쪽샘 44호분 출토 비단벌레장식 죽제(竹製)
말다래 복원도(출처 국립경주문화재연구소)

≫ 경주 쪽샘 44호분 출토 비단벌레장식 죽제(竹製)
말다래 복원품 세부

≫ 경산 임당 5A호 출토 금동심엽형장식

석단에서 출토된 비단벌레 날개와 금동심엽형(金銅心葉形) 장식품, 그 주변에서 확인된 유기물을 분석하여 '비단벌레 장식 죽제(竹製) 말다래'를 복원하였다. 이 유물은 우리 박물관에서 발굴한 경산 임당5A호 출토 금동심엽형장식 유물과 그 형태가 비슷한데 이 금동심엽형장식의 기능이 궁금하던 차에 그 원형을 복원할 수 있는 좋은 아이디어를 얻게 되었다. 그런가 하면 금동관 주변에서는 폭 5㎝의 유기물 다발과 다발을 감싸고 있는 직물흔이 발견되었는데 이 유기물 다발은 피장자의 머리카락으로 확인되었다. 머리카락을 감싼 직물의 형태를 통해 머리카락 여러 가닥을 한 데 묶은 머리모양 꾸밈새도 추정할 수 있게 되었다고 한다.

무엇보다 발굴조사단에서는 쪽샘 44호분 주인공에 대해 구체적인 의견을 제시하였다. 적석목곽묘라는 고분의 구조와 규모는 신라 고분 중 최상급에 위치하며 화려한 장신구를 비롯한 여러 출토유물을 종합적으로 볼 때 무덤의 주인공은 신라 왕실의 여성으로 보았다. 그녀가 착장한 장신구의 크기와 조합을 통해 무덤 주인공의 키는 130㎝ 내외(2020년 당시 주인공의 키는 150㎝ 정도로 추정), 나이는 10세 전후로 추정하였다.

조금 더 구체적으로 살펴보자면 쪽샘 44호분 출토 금동관의 경우 3단의 출자형(出字形)으로 전반적인 형태는 황남대총 남분이나 천마총의 금동관과 비슷하지만 대륜의 길이(52㎝)와 높이(23.2㎝)가 여타 금(동)관에 비해 작다고 평가하였다. 은제허리띠의 경우 경산 조영EⅡ-1호 출토 은제허리띠와 재질도 동일하며 과판과 수하식의 디자인도 거의 닮아있어 같은 디자인으로 제작했다고 해도 과언이 아닐 정도이지만 과판과 수하식의 수량은 조영EⅡ-1호 출토품보다 적은 것으로 파악되었다. 금동신발은 착장하지 않고 머리맡 부장 공간에서 출토되었는데 전체적으로 폭이 좁고 길이도 기존에 발굴된 것보다 작은 것(280~290㎜)으로 추정하였다. 발굴조사단에서는 이러한 성과를 토대로 이 무덤의 주인공을 10세 정도의

»» 경주 쪽샘 44호분 주인공(공주)과 착장 유물
(출처 국립경주문화유산연구소)

공주로 보았던 것이다.

하지만 학문은 무엇이든지 의심스럽게 보고 다시 검토하는 데서 시작된다고 하지 않았던가? 경주 쪽샘 44호분 발굴 현장과 발굴조사 자료집을 통해 볼 때 다음과 같은 몇 가지 의문을 제시하고 싶다. ①발굴된 금동관의 대륜부는 일부만 출토되어 그 길이를 추정할 만한 자료가 없다. ②허리띠의 경우 출토된 수량만으로 그 허리띠의 길이가 짧았다고 단정할 수 없다. ③금동신발은 그 크기가 다른 것에 비해 작다고 하더라도 직접 신기 위한 것이 아니라는 점을 감안해야 한다. ④팔찌에 대한 정확한 재원은 기록하지 않았으나 현장에서 볼 때 그 크기가 다른 고분 출토품에 비해 작다고 단정할 수 없다.

사실 어린아이가 주인공인 무덤은 간혹 확인된 바 있다. 최근 국립경주박물관에서 개최한 특별전 '금령, 어린 영혼의 길동무'에 소개된 금령총의 출토유물도 쪽샘 44호분과 비슷한 양상이다. 즉 무덤 주인공이 착용한 금관과 허리띠, 팔찌, 반지, 발찌의 간격을 볼 때 그 키가 1m 내외로 추정되며 특히 금관과 반지의 크기가 작아 이 무덤의 주인공을 어린아이로 보았다. 따라서 이러한 의문은 앞으로 고고학적 논증을 거치며 보완되리라 생각한다. 그럼에도 불구하고 다음과 같은 질문이 꼬리에 꼬리를 문다.

이 무덤 주인공(신라의 왕자 또는 공주)은 생전에 그의 몸에 맞는 장신구를 만들어 쓰던 것인가? 아니면 질병이나 사고 등 어떠한 이유로 사망하게 되었을 때 그(녀)의 장례를 준비하며 긴급하게 제작한 것인가? 전자라면 성인이 되기 전 장신구를 몇 벌이나 갖추었을까? 또 성인이 된 주인공의 무덤에서는 왜 그가 어릴 때 착용했던 장신구가 확인되지 않는가? 만약 후자라면 이 장신구는 실제 사용했다기보다 장례용품으로 보아야 하지 않을까?

고고학자들은 발굴현장에서 힘들고 긴 고통의 시간을 인내하며 발굴의 성과를 얻게 된다. 또 현장에서 얻은 경험을 통해 다른 자료들과 비교하며 고민하는 과정을 거친다. 때로는 고민만 하다가 결론을 얻지 못하는 경우도 허다하지만 그렇다고 이러한 고민이 결코 헛되다고 할 수 없다. 그런 면에서 경주 쪽샘 44호분은 나에게 새로운 고고학적 질문과 상상을 안겨주었기에 긴 시간 발굴 현장에서 땀 흘려 수고한 분들의 노고에 감사한 마음을 전한다.

39

# 고고학과 박물관 전시

2022년 12월 초, 영남고고학회는 '박물관 전시와 고고학'이라는 주제로 워크숍을 개최하였다. 고고학을 공부하는 입장에서, 그리고 박물관 전시가 주업무인 입장에서 고고학이라는 학문이 우리 사회에서 그 존재 가치를 가장 효과적으로 드러내는 방법이 전시라고 생각하기에 자못 진지하게 참여하였다. 먼저 이 워크숍의 내용을 간단히 소개하며 나의 의견을 더하고자 한다.

일반적으로 고고학 자료는 발굴을 통해 생산되며 발굴조사의 모든 과정은 보고서에 기록된다. 발굴과 보고서를 기록하는 과정에서 얻은 연구 성과는 학술논문이나 저서로 발표되는데 이러한 연구 성과는 대중에게 쉽게 공유되지 못하는 것이 사실이다. 그런 면에서 고고학을 소재로 한 전시는 일반 대중에게 학술 연구 성과를 전달할 수 있는 가장 효과적인 방법이라고 할 수 있다.

하지만 고고학 전시에 있어 연구 성과를 드러내는 데에 치중하다가 자칫 관람객들의 관심과 흥미를 떨어뜨리기도 하고 기획과 연출이 매끄럽지 못하거나 많은 유물을 나열하다가 구체적인 전시 맥락을 놓치기도 한다. 그 결과 일반 대중을 위한 전시가 되지 못하고 그들만의 전시로 끝나

버리는 우를 범하기도 한다. 그럼에도 불구하고 고고학 전시를 기획하는 박물관 학예사는 대중 고고학을 위하여 끊임없이 고민하며 대중의 호기심을 유발할 수 있는 주제를 선정하고 구체적인 전시의 맥락을 놓치지 않으려고 노력한다. 실제 전시 현장에서는 고고유물 그 자체가 하나의 '작품'으로 감상의 대상이 되지 못하고 전시 주제의 전체적인 맥락 속에 놓이기 때문에 전시품 연출이 더욱 중요하다고 할 수 있다.

간혹 전시의 주제가 전시를 준비하는 학예사의 전공과 맞지 않는 경우도 있다. 이런 경우에는 전시의 완성도를 높이기 위해 전문가를 특별연구원으로 위촉하거나 전문가들로부터 많은 자문을 구하기도 한다. 심지어 콜로키움을 통해 전시 내용에 대해 공부하기도 한다.

고고학 전시를 관람하는 관람객의 경우 전시 패널의 내용이 어렵다고 느끼는 경우가 종종 있다. 전시 담당자는 그 원고를 쓰기 위해 많은 시간과 노력을 들이지만 전시실에 서서 패널을 읽는 관람객은 분량이 많거나 어려운 용어가 있으면 그냥 지나쳐버리기 일쑤다. 최근 국립박물관은 중고등학교 지식을 바탕으로 패널의 분량을 제한하거나 고고학 관련 전시 원고의 집필 원칙을 마련하여 한국사 교육 체계에 부합하는 서술을 지향하고 있다고 한다. 이는 관람객의 눈높이를 맞추기 위한 지속적인 노력의 결과라고 할 수 있다.

전시를 효과적으로 연출하기 위해 동영상을 상영하는 데서 그치지 않고 인간의 오감을 자극해 교감과 몰입도를 향상시키기 위한 실감콘텐츠를 구현하기도 한다. 그 구체적인 방법으로는 가상현실(VR), 증강현실(AR), 혼합현실(MR), 미디어파사드, 홀로그램 등이 있다. 이러한 동영상이나 실감콘텐츠가 너무 과하거나 전시 맥락에 부합되지 않을 우려도 있으나 관

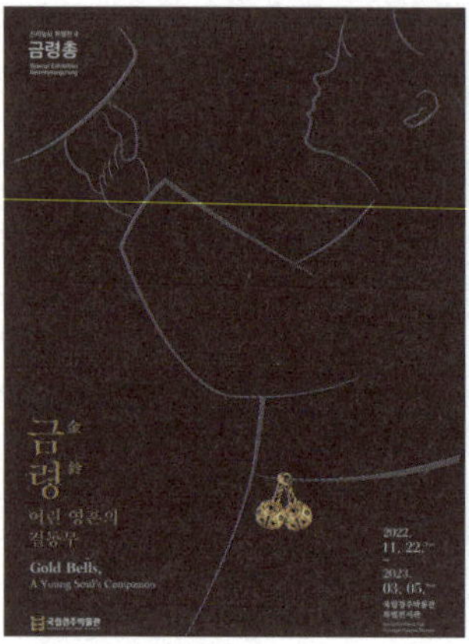


>>> 금령총 특별전 포스터
(출처 국립경주박물관)

>>> 금령총 출토 금방울(출처 국립경주박물관)

람객들에게는 쉽고 흥미를 자극하기에 좋은 방법이라 앞으로도 이러한 연출 방법은 계속 진화할 것이다.

최근 이러한 노력이 돋보이는 고고학 전시가 국립경주박물관에서 개최되었다. '금령-어린 영혼의 길동무-'라는 전시인데 고고학적 배경지식이나 경험이 없이 누구라도 아주 재미있게 볼 수 있었다. 허리춤에서 출토된 1쌍의 금령(금방울)을 어린 영혼의 길동무로 지칭한 것부터 이채로운데 고고학적 연구에 기반한 탄탄한 스토리가 갖추어진 전시라 더욱 흥미로웠다.

이 전시의 소재는 조선총독부 박물관이 1924년에 발굴한 금령총이다. 약 100년 전 경주에 기차역과 신작로가 뚫리는 과정에서 금관총이 발굴되고 제국주의 일본의 관학자들의 욕심으로 금령총과 식리총이 조사된 아픈 발굴 이야기부터 시작하여 약 100년 뒤 국립경주박물관이 다시 금령총을 조사하며 밝혀낸 고고학 성과를 정리하여 소개하였다. 전시의 연출은 옛 무덤의 부장품을 그 종류별로 구분하여 나열하는 데에 그치지 않고 이 무덤의 주인공이 어린아이임을 밝히고 어린아이의 죽음과 장례를 이야기로 꾸며 전개하였다. 무엇보다 금관과 허리띠, 금귀걸이, 각종 목걸이, 금가슴걸이와 (금)팔찌, 반지, 유리구슬과 수정옥 등 무덤 주인공의 각종 장신구를 전시한 공간의 한쪽 벽면에 상영되는 영상이 인상적이었다.

››› 금령총 출토 금관
(출처 국립경주박물관)

››› 금령총 출토 가슴걸이

금령총에서 출토된 '말 탄 사람 모양 주자'는 주인상과 시종상으로 알려져 있는데, 앞서 가는 시종상은 오른손에 방울이 꽂힌 막대를 들고 있어 제사를 주관하고 무덤 주인을 저승으로 인도하는 제사장으로 해석하였다. 함께 출토된 '배 모양 그릇' 한 쌍은 아이가 저승에서 만날 물을 무사히 건넜으면 하는 부모님의 마음을 표현하였고 '등잔 모양 그릇' 한 쌍은 어두운 공간에서 발을 헛디뎌 넘어지지 않기를 바라는 마음을 담았다. 이 유물은 다른 무덤에서는 좀처럼 발굴되지 않은 아주 특별한 용기로 이 어린아이의 장례에 사용하기 위해 특별히 제작한 것으로 볼 수 있다.

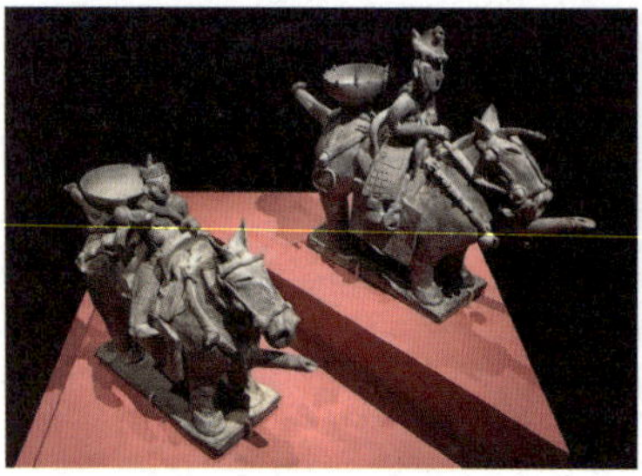

»금령총 출토 말 탄 사람 모양 주자(1쌍)

»금령총 출토 배 모양 그릇(1쌍)

전시의 마지막 멘트도 강렬했다. "이 모든 게 금방울 한 쌍을 길동무로 삼아 멀고 먼 여정을 떠나야 했던 어린아이를 위한 것이었음을… 말로 다 표현할 수 없을 만큼의 슬픔을 안고 모든 것들을 준비하고 챙겨 넣었을 부모의 마음을……."

이 전시를 통해 고고학 전시도 과거의 선조들의 삶을 관람객에게 가르치려 하지 않고 그들의 감성을 자극하고 공감을 끌어내고자 노력하는 전시 실무자들의 모습을 짐작할 수 있었다. 앞으로도 이런 고고학 전시가 이어지길 기대해 본다.

# 40

# 대학박물관의 역할과 차별화 전략

2021년 통계(전국문화기반시설 총람 기준)에서 우리나라 국공사립박물관의 숫자는 1,164개관으로 파악되었으며 그 중에서 대학박물관은 100여 개관으로 우리나라 박물관 수의 10% 정도의 비중을 차지하고 있다. 대학박물관은 1980년대 이전까지 고고학, 미술사, 인류학 등 관련 분야의 연구와 전시, 전문 인력 양성에 아주 큰 비중을 차지하고 있었다. 물론 지금도 대학박물관은 소장품의 질과 양, 탁월한 문화적, 학술적, 교육적 가치가 큰 문화기관이라고 할 수 있다. 게다가 전국 주요 도시에 산재되어 있어 지역의 균형적 문화 발전과 국민의 문화 향수권 증대에 중요한 역할을 하고 있다.

하지만 최근 학령인구가 급격히 감소하고 대학의 재정적 위기와 구조조정, 통신과 과학기술의 발전, 코로나 팬데믹으로 인한 비대면 문화 활동 등 급변하는 대내외적인 환경에 대학박물관은 더 이상 물러날 수 없을 정도의 큰 위기에 내몰리고 있다. 각 대학박물관은 그야말로 생존하기 위해 관련 협회 또는 국가유산청이 주관하는 전문인력 지원사업, 길 위의 인문학, 대학박물관 진흥지원사업, 유물정리 사업 등을 통해 국가보조금을 지원받거나 지자체와 협업하여 사업을 유치하기도 한다. 또한 국공립박물관과의 협력 사업이나 동창회나 문화재연구원 등 유관 기관의 기부금을 모금하는 등 여러 자구책을 강구하며 박물관의 고유 기능인 전시, 교육, 유물 연구 등을 수행하면서 이러한 위기 상황에 대응하고 있다.

그럼에도 불구하고 대학박물관의 대표적인 역할이었던 유물 수집과 전시, 연구와 사회교육, 매장문화재 발굴조사 등은 상당히 위축되어 있고 사회 변화에 맞물려 그 위기는 더욱 가속되고 있다. 이러한 상황에서 대학박물관은 지역 사회와 더욱 적극적으로 협력하고 특성화하기를 요구받고 있다.

박물관 종사자들 사이에서 논의되고 있는 여러 제안을 살펴볼 때 현재의 위기를 이겨내기 위한 방법 중 하나는 각 대학박물관 소장 유물을 중심으로 특성화하고 학예 인력의 구성, 학예사의 전공이나 관심, 대학 내 박물관의 위상, 지역 사회에서의 역할 등을 면밀히 검토하여 지역 내 다른 박물관과 차별화하는 전략을 적극적으로 구사하여야 한다는 것이다. 그런 면에서 현재 우리 지역 사립 대학박물관은 이러한 위기 상황에 대응하여 연구와 전시에 있어 어떠한 역량을 발휘하고 있는지, 국공립박물관과 어떻게 차별화하고 있는지 살펴보고자 한다.

먼저 계명대학교 행소박물관은 국공립박물관과의 협력 사업을 통해 타 지역에서 개최된 특별전을 유치하여 지역 사회에 기여하고 있다. 즉 국립고궁박물관, 한성백제박물관, 국립부여박물관, 국립광주박물관 등에서 개최하는 좋은 전시를 순회 또는 공동전시함으로써 우리 지역민들이 먼 곳에 가지 않고도 가까운 곳에서 좋은 전시를 즐길 수 있는 기회를 제공하였다. 전시의 비용은 지자체의 보조금이나 학교 발전기금, 총동창회 지원금 등을 활용하여 박물관의 예산 부담을 줄였다.

›› 계명대학교 행소박물관의 최근 전시(계명대학교 행소박물관 이미지 제공)

대구대학교 중앙박물관은 어린이 전시 연계 프로그램에 주력하고 있는데 교육 프로그램은 상설전시실과 특별전시실의 모든 공간에서 진행되고 있다. 고고역사전시관에서는 영주 순흥 벽화고분 모형을 교육의 소재로 활용하였고 동경을 활용한 '거울아 거울아'는 창의체험 교육 프로그램으로 학습지와 실제 거울 문양을 제작하고 자신의 거울을 만들어 갈 수 있도록 하였다. 현대목칠공예전시관에서는 전시연계 유아교육이나 '길위의 인문학'을 운영하고 있다. 성산복합문화공간에서는 매년 인도, 인도네시아 등 다문화와 민화, 목공예 등을 소재로 관람과 체험 학습을 진행하였다.

›› 대구대학교 중앙박물관의 어린이 대상 교육 프로그램(대구대학교 중앙박물관 사진 제공)

이상에서 보듯이 대구대학교 중앙박물관은 학예사와 에듀케이터들의 젊은 감각을 최대한 활용하여 어린이 교육 프로그램에 집중하여 타대학 박물관과는 큰 차별성을 두었다. 또한 대학 본관에 박물관이 위치하고 있어 이곳에 많은 어린이들이 출입함으로써 학교 교직원들에게 박물관의 존재감을 확실히 드러내고 있다.

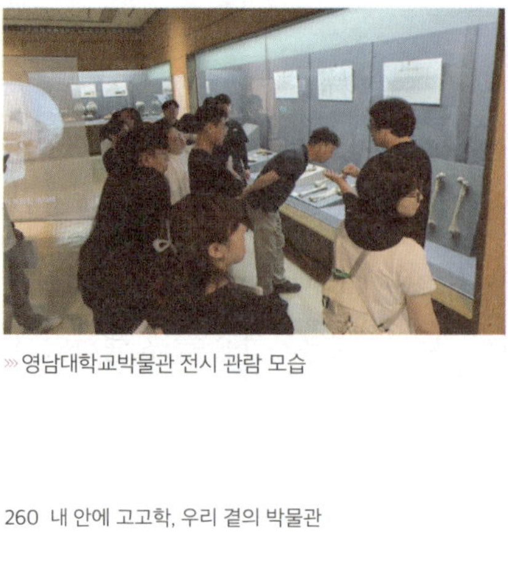

›› 영남대학교박물관 전시 관람 모습

›› 영남대학교박물관 전시 관람 모습

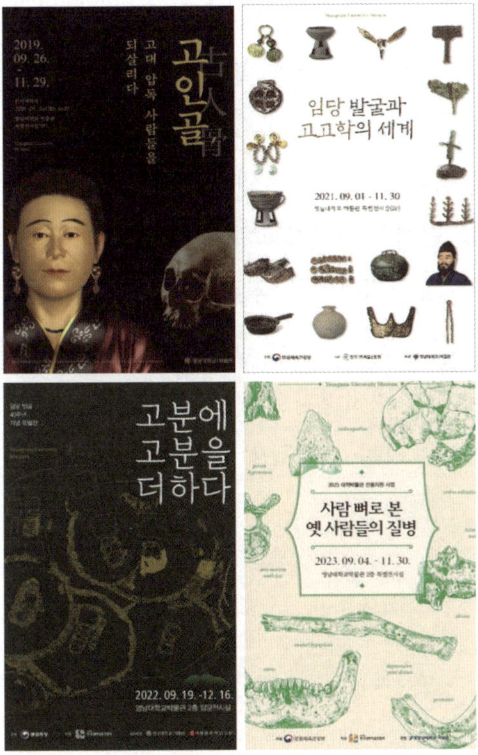


››› 영남대학교박물관의 최근 전시

영남대학교박물관은 임당유적 발굴 자료를 적극 연구하고 그 성과를 활용한 전시와 교육을 진행하고 있다. 즉 분묘에서 출토된 인골 및 동물유존체의 연구와 전시를 대표적인 콘텐츠로 개발하고 있다. 이 인골이나 동물유존체는 1982년 발굴조사 후 여러 경로를 통해 학계에 알려졌으나 본격적인 연구를 진행하지 못하고 있었다. 하지만 최근 10여 년간 관련 전문가들과 함께 이 자료들을 정리하여 분석하는 길고 힘든 노력이 있었고 이러한 성과를 토대로 전시로도 활용하고 있다. 특히 이 연구는 지난 2019년부터 시작된 '압독국 문화유산 연구·활용 프로젝트'로 본격화되었으며 인골의 생물(형질)인류학 분석뿐만 아니라 DNA 분석, 법의학적 얼굴복원, 안정동위원소 분석 등 과학적 분석을 진행하고 있다. 이러한 연구 성과는 2019년 '고인골, 고대 압독 사람들을 되살리다', 2021년 '임당 발굴과 고고학의 세계', 2022년 '고분에 고분을 더하다', 2023년 '사람 뼈로 본 옛 사람들의 질병'이라는 전시를 개최하였다.

대학박물관은 그 전문 인력(박물관장이나 학예사 등)이 많지 않기 때문에 이들의 관심이나 전공, 역량이나 태도에 따라 박물관의 운영 방향에 차이가 큰 편이다. 또 국립박물관처럼 많은 사업을 기획하거나 다양한 방식의 프로그램을 운영하기도 쉽지 않을 뿐더러 무엇보다 이러한 사업에 많은 예산을 투입할 수 없는 형편이다. 그럼에도 불구하고 우리 지역 대학박물관은 유물 연구를 중심으로 한 전시를 기획하거나 국공립박물관의 좋은 전시를 순회한다든지, 다양한 유물을 활용한 어린이 교육 프로그램에 집중하는 등 급변하는 사회적 위기에 맞서 주저앉지 않고 우리 지역 대학박물관으로써 그 역할을 다하고자 최선을 다하고 있음을 강조하고 싶다.

# 참고한 글


고은별, 2017, 「발 없는 70마리의 새: 임당 고총고분 조류 부장의 원칙과 의미」, 『한국 고대사회 의례 속의 동물』(제41회 한국고고학전국대회 '고고학으로 본 고조선' 자료집)

———, 2020, 「한국 고대 동물희생의례의 특징-삼국시대 신라 분묘유적을 중심으로-」, 『해부·생물인류학』 제33권 제2호

국립경주박물관, 2022, 『금령: 어린 영혼의 길동무』(특별전 도록)

국립경주문화재연구소, 2023, 『경주 쪽샘 44호분』(발굴조사 자료집)

국립중앙박물관, 2007, 『국립중앙박물관』(도록)

김대욱, 2013, 「경산 임당유적 고총 순장자의 성격」, 『민족문화논총』 제55집

———, 2014, 「임당 고총의 축조와 그 장제」(영남대학교 대학원 박사학위논문)

———, 2017, 「경산 임당유적 동물유존체 연구와 스토리텔링의 가능성」, 『한국 고대사회 의례 속의 동물』(제41회 한국고고학전국대회 자료집)

———, 2018, 「경산 조영EⅡ-2호분으로 본 신라 지방 고총의 殯葬 가능성」, 『한국고대사탐구』 28

———, 2019, 「임당 고총에서 확인된 가족 순장」, 『고대 인골 연구와 압독국 사람들』(압독국 문화유산 연구·활용 프로젝트 학술세미나 자료집)

———, 2020, 「임당 고총의 주피장자들」, 『고인골, 고대 압독 사람들』

———, 2020, 「임당 고총의 순장자들」, 『고인골, 고대 압독 사람들』

———, 2020, 「신라 지방 고총의 빈장(殯葬) 가능성」, 『고고학지』 제26집(국립중

양박물관)

______, 2020,「경산 임당 고총의 상어뼈 부장 양상과 그 의미」,『해양유산』Vol.02(국립해양박물관)

______, 2021,『대구의 고분 이야기』(대구광역시문화원연합회)

______, 2021,「고인골의 최신 연구와 그 성과-임당유적 출토 인골을 중심으로-」,『고고학 연구법의 신동향』(제30회 영남고고학회 정기학술발표회)

______, 2022,「사립대학 박물관의 고고학 전시와 차별화 전략」,『박물관 전시와 고고학』(영남고고학회 워크숍 자료집)

김용성·김대욱, 2015,「신라·가야의 고분 발굴사」,『한국의 고고학사 I』(한국상고사학회 제43회 학술대회)

대구문화예술회관, 2009,『대구의 역사와 유산』

여수경·김대욱·권순신, 2021,『토기를 담다-미얀마 토기 마을 현지조사 기록-』

영남대학교박물관, 1994,『경산 임당지역 고분군Ⅱ-조영EⅢ-8호분외-』

______________, 1998,『한국의 옛 지도』

______________, 2002,『고대의 말-신성과 실용-』

______________, 2004,『대구 욱수동 생활유적-덕원 중·고등학교 이전부지 및 진입도로 공사구간 내 유적-』

______________, 2005,『소장유물도록』

______________, 2005,『은일의 수려한 꿈-신라 와당-』

―――――――――, 2006, 『압독국과의 통신 토기의 메시지』

―――――――――, 2006, 『압독국의 마을 고대 시지로의 여행』

―――――――――, 2009, 『40년 발굴과 그 기록』

―――――――――, 2012, 『1982, 임당을 발굴하다』

―――――――――, 2018, 『옛 북구 사람들 이야기』

―――――――――, 2019, 『고인골, 고대 압독 사람들을 되살리다』

―――――――――, 2019, 『영남대학교박물관 소장 경산 임당유적 고인골』

―――――――――, 2021, 『임당 발굴과 고고학의 세계』

―――――――――, 2021, 『경산 임당유적의 동물유존체Ⅰ-임당동고분군과 그 주변-』

―――――――――, 2022, 『경산 임당유적의 동물유존체Ⅱ-조영동고분군-』

―――――――――, 2022, 『고분에 고분을 더하다』

―――――――――, 2023, 『사람 뼈로 본 옛 사람들의 질병』

우은진, 2019, 「고대 압독국 사람 뼈 집단의 생물인류학적 특성 복원」, 『고대 인골 연구와 압독국 사람들』(압독국 문화유산 연구·활용 프로젝트 학술세미나 자료집)

―――, 2020, 「임당 인골의 성과 연령」, 『고인골, 고대 압독 사람들』

―――, 2020, 「임당 인골에 대한 병리적 접근」, 『고인골, 고대 압독 사람들』

―――, 2023, 「고대 인골의 병리적 분석과 임당집단 연구의 성과」, 『뼈로 보는 고대 임당유적 사람들』

이돈녕·정기찬·정충원, 2023, 「임당·조영동 고총군 출토 인골의 DNA 분석Ⅱ」, 『뼈로 보는 고대 임당유적 사람들』

이원준·김이석·이우영·윤아영, 2023, 「고대 임당유적 사람들의 법의학적 얼굴복원」, 『뼈로 보는 고대 임당유적 사람들』

정충원, 2019, 「고대 압독국 사람들의 DNA 분석」, 『고대 인골 연구와 압독국 사람들』(압독국 문화유산 연구·활용 프로젝트 학술세미나 자료집)

최경철·김대욱·정상수, 2022, 「조영동고분군 출토 인골과 동물 뼈의 분석을 통한 고대 경산지역의 계층별 식단 복원」, 『한국고고학보』 2022권 4호